人力资源管理专业全景实训教材系列

人员素质测评实训手册

主　编　张　庆

副主编　毛晓光

ZHEJIANG UNIVERSITY PRESS
浙江大学出版社

图书在版编目(CIP)数据

人员素质测评实训手册 / 张庆主编.—杭州：浙江
大学出版社，2017.7（2022.1 重印）
ISBN 978-7-308-17071-0

Ⅰ.①人… Ⅱ.①张… Ⅲ.①人员测评—手册 Ⅳ.①
C962－62

中国版本图书馆 CIP 数据核字（2017）第 154449 号

人员素质测评实训手册

张　庆 主编

丛书策划	朱　玲
责任编辑	何　瑜
文字编辑	汪荣丽
责任校对	杨利军　吕倩岚
封面设计	春天书装
出版发行	浙江大学出版社
	（杭州市天目山路 148 号　邮政编码 310007）
	（网址：http://www.zjupress.com）
排　　版	杭州林智广告有限公司
印　　刷	杭州良诸印刷有限公司
开　　本	787mm×1092mm　1/16
印　　张	12
字　　数	280 千
版 印 次	2017 年 7 月第 1 版　2022 年 1 月第 2 次印刷
书　　号	ISBN 978-7-308-17071-0
定　　价	36.00 元

浙江大学出版社市场运营联系方式：(0571) 88925591；http://zjdxcbs.tmall.com

前　　言

在当今的经济发展和企业竞争中,人力资源开发与管理显得愈发重要,人力资源已成为一种关键性的战略资源。人力资源管理专业人才的培养是企业获取这种关键性战略资源的决定性因素。随着现代企业人力资源管理理论与实践的不断探索、深化,专业教育已初步构建起了较为完整的人力资源管理专业理论教学体系,使学生掌握现代企业人力资源管理的基本理论和知识,具有开展人力资源管理日常工作的基本技能。

在人力资源管理理论教育体系快速完善的同时,实践教育体系的构建却相对滞后。为适应我国经济与社会发展,市场对应用型人才的需求呼声日益高涨。以培养应用型高级人力资源管理专门人才为目标,本着"明确思路、创新理念、加强规范、服务实践"的人力资源管理专业实验教学体系建设思路,为强化与规范实践教学,构建人力资源管理专业实验教学新体系,我们编制了"人力资源管理专业全景实训教材系列"。《人员素质测评实训手册》就是该系列实验指导教材之一。

《人员素质测评实训手册》是一本指导学生进行实际操作的教材,力求从理论和实践两个角度系统地介绍人员素质测评的原理、方法与操作实务,在一定的理论基础上指导学生的实训活动。

本书以人力资源管理专业人才培养目标为蓝图,将应用型高级人才培养目标具体细化为专业人才能力和素质规格要求。编写时,我们力求从学生实际情况出发,加强基础、突出重点、优化内容。对于理论内容以够用为主,更多的是立足于实践的实际训练,通过大量的社会实践以及教学联系来增强对本课程的理解。在教材编写中,力求做到科学性与实用性、先进性与针对性相统一;做到循序渐进、由浅入深、简明易懂,特别注意学生动手能力的培养;每一个实训项目都安排详细的引导与讨论案例及实训指导。

本书按照人员素质测评课程教材体系安排内容,以能力培养为主线,通过对课程内容的整合,一共编写了20个实训项目。在每一个实训项目编写中,提出的问题都围绕课程教学的相关知识点,尽量做到针对每个重要知识点都提供2~3个案例,用于加深和具体化理解该部分的重点知识内容。提问的问题基本是先让学生复习相关知识点,然后再看本案例中这些知识点是怎样体现的。有时案例中提出的问题不仅限于案例本身,还延伸到相关知识的复习。此外,本书还介绍了许多国内外普遍使用的权威性测评工具,并通过人员素质测评的逻辑过程将其结合起来。

本书在编写过程中参考了有关中外文献和专著,在此对这些文献和专著的作者表示感谢。同时,书中一些案例的原始资料部分源自于公开媒体,作者根据教学内容的需要对它们进行了编写、处理,但基本事实没有变动。对于本书中使用到的公开媒体上的案例的原作者,编者无法一一列举你们的姓名,敬请你们谅解并表示感谢!

在此,还要感谢为这套"人力资源管理专业全景实训教材系列"付出辛勤劳动的河北师范大学商学院人力资源管理系主任郑永武博士,以及为本书的资料整理付出辛勤劳动的河北师范大学人力资源管理专业的陈晓等同学,你们辛苦了!

编　者

2016 年 10 月

CONTENTS 目 录

实训项目1：人员素质测评认知

【实训目的】

人员素质测评是本教材最为重要的概念之一。本实训项目通过对相关案例材料的阅读，使学生在学习之初对人员素质测评、素质测评功用、基本流程、主要方法及相关工具形成一个初步了解和认识；让学生清楚人员素质测评技术不仅是践行"以人为本"的企业宗旨的重要手段，也是人力资源管理者从被动地模仿竞争对手到个性化地解决企业实际问题的有力武器，更是人力资源管理者迈向企业决策圆桌的推进器。

【实训场地】

开放式实训室

【实训准备】

一、知识储备

- 掌握人员素质及相关术语基本范畴；
- 掌握人员素质测评及相关术语基本范畴；
- 掌握人员素质测评的类型，能够根据不同的测评目的选择合适的素质测评方法；
- 理解人员素质测评在人力资源管理中的地位与作用；
- 了解人员素质测评的历史沿革和发展趋势等。

二、能力要求

- 各小组成员课前应充分利用各种资源，通过各种方式掌握学习内容；
- 各小组成员通过协作完成实训任务，按要求的形式（Word/PPT 等）展示作业；
- 各小组展示作业的代表同学语言表述应流利清楚，并在展示中突出本次实训的重难点；
- 各小组展示作业后的提问过程中要求各个成员都能积极参与回答同学的提问，而不是集中于某个或某几个同学；

■ 课后各小组应对课堂内容进行总结,对本次作业进行总结、修改,争取下次做得更好。

【实训材料】

材料一:

东风汽车招聘引入人才测评技术

湖北省十堰市的东风汽车销售、零配件供应集团急聘新员工26人,招聘岗位包括总经理、总经理助理、部门经理、财会人员、销售员、门市接待员、仓库保管员等20多个岗位。该公司定于2004年12月9—10日两天在十堰开展选拔活动。

湖北人才网测评部门根据岗位分析确定了如下测评维度:岗位分基层、中层、高层三层。基层员工主要考核个性特征、基本潜能、职业倾向、职业适合性等;中层管理主要考核个性特征、言语理解能力、推理判断能力、管理潜能、管理常识、公文写作能力、观察能力、合作精神、组织能力、应变能力、创新意识、尽职能力、适应能力等;高层管理主要考核预测性、主动性、影响力、灵活性、管理理念、尽职能力、决策能力、计划能力、组织协调能力、开拓能力、统筹能力等。

根据以上测评维度,选择了以下测评工具并确定了测试时间。

基层员工:采用人机对话方式测评,测评方式包括16PF个性测试、职业适应性、人员综合素质测评(90分钟)。中层管理:①采用人机对话方式测评,测评方式包括16PF(卡特尔16种人格因素问卷)个性测试、职业适应性、管理人员综合素质测评(90分钟);②半结构化面试(30分钟);③无领导小组讨论(50分钟)。高层管理:①采用人机对话方式测评,测评方式包括16PF个性测试、职业适应性、管理人员综合素质测评(120分钟);②半结构化面试(30分钟);③无领导小组讨论(50分钟)。

测评方式与步骤:2004年12月9—10日招聘。

9日进行第一轮测评。测评专家组对100多名应聘者人机对话(16PF个性测试、职业适应性、人员综合素质测评),综合评估测评报告和分析履历后,确定仓库保管员、门市部接待员等基层人员20人,并选拔出了中、高层管理人员候选人30人。

10日上午,测评专家组对中、高层管理人员候选人进行半结构化面试,从中选拔出16人参加高层总经理的角逐。10日下午,测评专家将角逐高层总经理的16人分成两组进行无领导小组讨论,最后确定了总经理人选。

测评结果与影响:被淘汰者看着科学量化的评估报告,心服口服。被录用者经过"过五关,斩六将"的测评,感到职位得来不易,倍加珍惜。目前,被录用的人员中,仍在岗位工作的有85%。用人单位反映,经过人才测评技术选拔出来的人才比较稳定,工作尽职勤奋,上手快,容易沟通。

资料来源:湖北人才网

材料二：

中国银行湖北分行后备干部人才选拔测评项目

2007年7月2日至13日，中智人才评鉴中心圆满完成了中国银行湖北分行内部后备干部人才选拔测评项目。

本次测评项目的目的是针对中国银行湖北分行建立后备人才库，有针对性地储备、培养有潜力的员工的需求而设计的。测评的对象为条线交流人员和全辖本科工作3年和硕士工作2年的近500人。项目组在总结以往后备人才选拔测评工作经验的基础上，结合该行的实际情况，采用笔试、评价中心技术，从心理素质、发展潜能、行为能力和团队角色等方面进行了测试。

整个测评前后分为两个阶段：第一阶段采用笔试方式，对近500人进行工作风格、人格和潜能等方面的心理测验，筛选出210人进入下一阶段测评；第二阶段采用面试、小组讨论和背景分析与对策研究等方法测评入选人员的核心能力。综合两个阶段的测评结果，将潜能较大、人格适合企业文化以及能力符合岗位要求的人员加入到人才库中。

测评结束后，中智人才评鉴中心提交了包括进入人才库的所有人员的关键能力素质的详细分析和每个人的发展方向的测评报告，为该行的选人、用人以及人员的职业培训提供了组织发展建议。该报告获得了行领导的高度评价以及被测评人员的充分肯定。

资料来源：http://bbs.libidos.cn/article-8435-1.html

材料三：

"综合测评"选拔国企高管

2006年6月18日，参加4家山东省大型国企负责人（副职）公开招聘的48名应聘者走进操场，以人机对话方式进行综合素质测评。这48人是从161名报名者中经过笔试和面试选拔出的优秀者。此次招聘的职位分别是山东工程机械集团、肥城矿业集团、龙口矿业集团副总经理以及山东省汽车工业集团副总裁兼总工程师。这是山东省首次探索将现代人才测评技术引入省管大型国企负责人的公开选拔，因此受到社会的广泛关注。

"电脑"参与选人

6月18日上午，山东省法官培训中心。经历过数轮选拔的48名应聘者事先并不知道还要过"综合测评"这一关，他们在事先没有任何准备的情况下，突然接到测评通知，迎来了又一场严格的测评。该测评通过人机对话方式，对应试人员的知识水平、能力素质、性格特征和发展潜力等进行综合评价。

2个小时后，根据每个人的答题情况，电脑在现场自动生成详细的测评报告，报告由专人监督，被送往公开招聘领导小组。据现场工作人员透露，整个测评过程非常严格。

严格测评的一个重要原因在于，这是山东省大型国企第一次面向社会公开招聘高级经营管理人员。此次进行招聘的4家省管企业颇具规模，截至2005年底，其资产总额共计171.3亿元，营业收入达到110.6亿元。4家企业本次招聘的是"统管副总"，要协助总经理

(总裁)管理公司全面事务,统揽全局,因此对所选人才的要求极高。

据有关人士透露,本次公开招考最起码要达到"两个负责":首先必须对国有资产的保值增值负责,其次要对所选拔的人员负责。如果选择一个不合适的人到这一岗位上,那么他必然会力不从心,这对其本人也绝对不是一件好事。因此,严格测评显得更为重要。

"之所以在笔试和面试之后增加综合素质测评,是因为前两者测评的是一个人的知识水平和给人的直观印象,而后者更多地反映人的内在素质,这种素质在今后的任职中极为关键。"负责组织这次测评的王主任告诉记者。像人的心理承受能力、职业倾向、职业敏感度等内在素质是用笔试、面试等传统考评方法难以测评出来的。他们开发的企业经理人才测评系列软件,能够将诸多内在素质通过科学的方法进行测评。

据悉,本次4家省管大型企业公开招聘负责人,在笔试、面试成绩相仿的情况下,谁在综合测评中表现优异,谁就更有机会获得所应聘的职位。根据考试成绩并参考综合素质测评结果,每个职位取前6名,共有24人列入考察范围。下一步是从国资委机关和招聘企业抽调精干力量组成考察组,用1个月左右的时间,对人选进行深入考察,然后提出拟用人选的初步意见,8月上旬将确定聘任人员并进行公示。

评价体系创新

"在选拔干部过程中引入测评机制,具有重大意义。"王世忠对此感触颇深。

那么,答题时测评对象有无可能通过揣测考评者的喜好,做出虚假陈述?"可能。但是这样往往会降低分数。"王世忠说,测评系统仅在性格特征方面就会出十几道题,这些题目都是相关联的,几道题目可以揣摩,但是一些微小的细节就可能显露测评者的真实心理特征。如果某些方面不均衡,系统就能判断出来,评分会大大下降。"那么多专家研究多年,测评者要想在两三个小时内破解,是非常困难的。"

不仅国资委选拔企业高管要进行人才测评,一些大型企业也在逐渐地引入这种科学的评价方式。例如,山东省商业集团此前就面向社会公开招聘6名部门经理副职,他们委托山东省企业经理人才评价推荐中心测评了130多名应聘者,最终成功聘用了企业需要的人才。商业集团高度评价测评结果,因为其不仅与笔试、面试成绩相吻合,而且具有较强的指导意义,更重要的是聘用者在工作中的表现证明了测评的科学性。

资料来源:任旭强.山东"综合测评选拔国企高管",经济导报,2006(6)

材料四:

凯迪电力的三次人员测评

武汉凯迪电力股份有限公司(以下简称"凯迪公司")是一家以环保产业为主的上市公司。2001年初,由于业务的迅速扩展,凯迪公司急需大量的高级技术、管理人员,如项目经理、事业部主管、部门经理和技术人员等。经过董事会讨论,凯迪公司决定面向全国招聘。

通过媒体发布招聘信息后,全国各地共3000余人竞聘。经过材料审查和面谈,凯迪公司筛选出300多位应聘者作为候选人。但是凯迪公司发现,面对如此多的应聘人员,如果继续使用传统的招聘方式将很难达到预期的目的,而决策层又必须对这些人的基本素质和特征了解清楚,因为这些招聘岗位都肩负着重大的责任。因此他们决定聘请中国四达上海测评咨询中心(以下简称"四达"),采用专业的人才测评技术,用更科学的方式完成这一项目。

针对凯迪公司的情况,四达设计了一个系统的测评解决方案,应用了多套自己开发的测评软件,并使用无领导小组讨论(LGD)、情景模拟(GAME)、专家面试等多项综合评价技术。测评自2001年5月1日起至7日结束。紧接着,四达的专家组又用了一个多星期的时间整理数据,并根据每个应聘者的测评结果,按照其应聘岗位做出1～5级推荐,写出测评报告,为凯迪公司录用决策提供了重要的参考依据,前后共用了半个月的时间,完成了对这300名应聘者的素质测评工作。

由于测评项目多,测评手段比较全面,因此准确率相当高。凯迪公司在肯定第一次测评项目的成效后,又于当年6月下旬委托四达对公司内部中高层管理人员进行素质测评,目的是了解公司内部人员的素质状况。这一次,四达改变了测评方式,使用"文件筐作业"、投射测验等评价中心测验技术。

由于前两次测评提供的结果报告和实际工作的情况相当符合,凯迪公司更加信任四达的人才测评技术。因此,在2002年1月,凯迪公司再次面向全国招聘人才时,第三次聘请了四达利用人才测评技术为录用把关。四达专家组随着该公司部分高级管理人员远赴长春、武汉等招聘地点现场测评。这次测评主要采用了基本潜能测验、核心能力测验、个性测验、管理能力测验等人机测验系统,LGD、GAME等综合评价技术,以及投射测验等评价中心技术,综合、全面地对343名应聘者进行了评定。

资料来源:上海诺姆四达测评咨询公司提供案例

【实训步骤】

1. 材料阅读。
2. 分析案例,分组讨论。
3. 作业展示:
■ 各小组应按要求的形式展示本次作业成果;
■ 作业成果应简洁清晰;
■ 作业成果中应包含本次实训要求展示的各项内容;
■ 作业成果中应凸显本次实训的重难点;
■ 作业成果中不能有错误内容(否则按实际情况扣除相应分数)。
4. 教师点评。
5. 成绩评定。

【实训报告】

　　1. 什么是人员素质测评?

　　2. 人员素质测评的功用是什么?

　　3. 人员素质测评的基本流程是什么?

　　4. 人员素质测评的主要方法是什么?

　　5. 人员素质测评的基本原理有哪些?

　　6. 人力资源评价体系的内容有哪些?

【实训成绩评定标准】

一、实训成绩评定依据

　　1. 实训报告的准确、完整程度。

　　2. 参与实训的态度和纪律。

二、成绩评定等级与标准

　　A:报告准确完整,态度端正;

　　B:报告较准确完整,态度较端正;

　　C:报告基本准确完整,态度基本端正;

　　D:报告尚准确完整,态度尚端正;

　　E:报告不准确完整,态度不端正。

实训项目2：人员素质测评的组织与实施

【实训目的】

实施人员素质测评是一项比较复杂的系统工作，为保证测评的顺利进行，需要制定合理、周全的工作流程。制定测评流程要考虑测评目的、测评对象、时间安排、成本等多种因素，结合组织实际合理安排，按照先易后难、先测后评的顺序进行，尽量不影响组织工作的正常开展。本实训项目通过对一家国企中层管理人员的素质测评案例解读，使学生可以更加清晰、具象地了解素质测评组织实施的具体内容，对素质测评的流程和组织实施有更加深入的把握。

【实训场地】

开放式实训室

【实训准备】

一、知识储备

掌握人员素质测评组织实施的一般流程：

- 明确人才测评的目的（为什么测）；
- 确定人才测评的指标（测什么）；
- 设计并确定测评方法与测评题目（用什么测）；
- 测评方案设计与测评实施（怎么测）；
- 测评结果统一与撰写测评报告；
- 测评结果反馈。

二、能力要求

- 各小组成员课前应充分利用各种资源，通过各种方式掌握学习内容；
- 各小组成员通过协作完成实训任务，按要求的形式（Word/PPT 等）展示作业；
- 各小组展示作业的代表同学语言表述应流利清楚，并在展示中突出本次实训的重难点；

■ 各小组展示后的提问过程中要求各个成员都能积极参与回答同学的提问，而不是集中于某个或某几个同学；

■ 课后各小组应对课堂内容及本次作业进行总结、修改，争取下次做得更好。

【实训资料】

某国有企业中层管理人员的素质测评

1. 实施前期的准备阶段

（1）广泛进行宣传和动员

中层管理人员的素质测评涉及该国有企业中所有中层管理岗位人员，在公司员工中必将引起广泛关注，在管理人员队伍中也会产生较大的影响。因此按照人员素质测评的流程设计，非常有必要在开展正式测评前首先取得公司高层的支持。接下来便是对公司员工进行宣传动员，明确测评目的，取得员工的理解和支持，营造有利于人员素质测评顺利实施的良好氛围。

① 宣传的方式

针对该国有企业的具体情况，宣传的方式主要有如下几种：

a. 广播。主要用于各单位的操作间、工地、住宅区等地。

b. 宣传栏。主要用于各单位办公区、部门机关等地。

c. 展板。主要面向在外施工、工地地点不固定的工程队、项目组等。

d. 公司内部网站。面向所有能够进入公司网站的单位、人员等。

② 宣传内容

在获得公司高层的认可和支持后，对员工的宣传着重点是讲明此次测评的目的、要求和安排，号召广大员工积极配合、支持、参与，确保测评工作健康、有序、顺利地进行。结合该国有企业自身的情况和职能分工的特点，指定了公司党委工作部和办公室共同负责宣传工作。在具体工作中，特别要注重员工的反应，及时收集信息，反馈意见、建议。

（2）组织专家评委

情景模拟、面试、绩效等都需要评委来评分。在测评的具体操作中，必须由评委对被测人员的表现进行评判，评委素质和结构对测评的质量至关重要。专家评委的组织有两个方面的内容：

① 选择评委组成人员。根据前期制订的测评方案，该国有企业此次测评的评委由公司的高层领导和相关专家组成，成立了7人测评领导小组。在实施测评过程中，以测评小组成员为主要评委，分管人力资源的集团副总经理为测评主持人。在具体测评某项指标时，适当邀请相关人员参加。例如，在测评绩效时，可以邀请公司分管生产和财务的副总经理参加，因为他们更了解被测人员的实际工作情况；在测评组织协调、人际交往等能力时，可以邀请

被测人员所在部门的普通员工参加，与他们座谈或征求其意见，因为他们与被测人员接触的时间最多，对被测人员有更为实际的了解。

② 对评委进行培训。在测评开始前，对评委进行培训，统一评定的标准、尺度和操作步骤。培训的内容包括人员素质测评的方法、技能、评判标准等。对临时邀请的评委，单独进行专项培训，以达到标准统一、协调一致。对评委进行培训这一点很重要，因为可能会存在这样的情况：公司高层领导对企业的各个方面都有比较清晰的把握，可是对人员素质测评的技术、方法不太了解；而相对的，专家们虽然对人员素质测评研究得颇为透彻，可是对公司的实际情况不甚了解。而且人员素质测评的目标、标准也因公司、具体的人员素质测评要求而有所不同，因此在人员素质测评工作开始前对评委进行培训是非常有必要也是非常重要的。

（3）编制试题

人员素质测评中运用的试题比较多，形式和编制都不相同，因而必须提前准备。

① 确定试题种类

根据测评指标体系和使用的方法，此次测评涉及的试题有机考试题、笔试试题、面试试题和情景模拟题四类。各类试题的准备内容如下：

a. 机考试题。内容涉及心理能力素质和知识结构测试等。以人机对话的方式进行测试。由于机考试题对技术性和专业性的要求比较高，在人员素质测评的具体组织实施中，该国有企业将试题的编制工作委托给专业人才测试机构进行。这也提醒我们在进行人员素质测评的组织实施时，假如企业自身没有类似的经验和专业积累，可积极地寻求外部的支持，将一些工作外包，这样可有效提升企业人员素质测评组织实施的质量，同时降低企业的测评成本。

b. 笔试试题。内容涉及专业知识和职业能力倾向测试。笔试试题的题型以主观题和客观题两大类为主。主观题包括论述题、简答题和填空题；客观题包括判断分析题、选择题等。在人员素质测评的具体实施中，专业知识的测试题由该国有企业自行安排设计，职业能力倾向的测试是从某人才考试测评中心购买的职业能力倾向测试和申论题本，这种自制加外购方式的选择是建立在对自身能力充分了解的基础之上的。

c. 面试试题。内容主要以结构化面试试题为主。题型为背景性题目（了解应试者的学习、工作背景等）、知识性题目（了解应试者对某方面知识的掌握程度及知识面）、智能性题目（通过对社会热点问题的分析，考察应试者的逻辑性思维、严密性等）、行为性题目（从应试者过去的行为中获取能力相关的信息）。面试试题主要由测评小组研究设计。

d. 情景模拟题。内容包括无领导小组讨论和文件处理等方面。题型包括两难问题（从两种互有利弊的答案中选择一种）、多项选择题、开放式问题、操作性问题等。具体操作中，测评小组采用了给定案例的无领导小组讨论方式。

② 试题编制的注意事项

a. 命题依据准确。命题人员必须明确试题编写的依据和要达到的目的。

b. 内容科学合理。试题既要能测评应试者的知识程度，又要能测评应试者的能力水平，还要能测评其潜能。

c. 形式恰当。试题的形式应与测评目的、内容和要求相统一。题型的选择要考虑被测者作答和试卷评定的可操作性，同时要兼顾公司文化、工作背景。

d. 表达清晰规范。试题意思表达要清楚准确，语句简明扼要，重点突出。

e. 把握好难度。试题难度设置要符合测评的目的和要求，要能比较准确地测试出个体间的差异。

f. 题量应符合实际。题量以满足当次测评需要为主，不宜过多，过多反而影响答题效果。但也不能太少，太少不能收集到足够的信息。

g. 格式应统一。试题格式要规范，标准要一致。

（4）确定测评日程安排

测评的日程安排要考虑公司的工作安排，以不干扰公司正常工作为宜，且避开该国有企业内部每周固定的工作会议和集中学习时间。测评小组在与公司领导充分沟通后，制定了测评日程安排表，如表 2-1 所示。

表 2-1 人员素质测评组织实施日程安排

实施阶段	项目	时间安排	地点	备注
机考	心理能力素质测评	××年×月 9:00—12:00	某计算机中心	
	知识结构测评			
笔试	职业能力倾向测评	××年×月 9:00—11:00	某会议中心 或阶梯教室	由某人员素质测评中心阅卷
	专业知识测评	××年×月 13:00—15:00		由企业专业人员阅卷
面试	结构化面试	××年×月 9:00—11:00	该公司某会议室	测评小组与相关人员主面
情景模拟	无领导小组讨论	××年×月 15:00—17:00	该公司某会议室	被测评人员分为几个小组

（5）其他准备工作

其他准备工作主要包括测评人员休息场地的准备、车辆安排，测评中联络人员的安排、考场的布置、考试用品的准备等。

2. 测评具体实施阶段

（1）测评指导

在测评具体操作前，由测评主持人向全体测评人员告知测评目的和填表说明，明确数据保密等事宜。目的是使测评人员能正确地填写人员素质测评表，消除顾虑，客观准确地对被测评对象进行测评。

指导语包括以下内容：

① 人员素质测评的目的；

② 强调测评与测验的不同；

③ 具体说明填表要求；

④ 举例说明填写过程；

⑤ 测评结果的保密和处理。

（2）实施测评

在实施阶段，测评人员应严格控制整个测评过程，防止受到与测评无关的因素干扰，尽量保证实施过程的标准化。测评程序按照日程安排进行，具体操作程序如下：

① 机考

a. 主要形式：进行人机对话。应试者在计算机上答题，由计算机根据预先设计的评分标准和计算方法得出相应的分数。

b. 考试的组织：根据安排，机考在某人才考试测评中心计算机操作室内进行。考试人员的组织由测评小组负责，考试的操作及结果的统计由人才测评中心安排专人负责，集团公司派人监考，测试成绩直接反馈给测评小组。

c. 注意事项：应试者计算机操作熟练程度的差异可能影响答题效果。注意在考试开始前讲清楚操作方法和有关要求，避免失误。

② 笔试

笔试主要包括公共基础知识综合笔试和专业知识笔试。公共基础知识综合笔试主要测试应试者政治、法律、行政学、应用文及公文写作与处理、领导科学等方面的基本知识素养与应用知识分析解决问题的能力。专业知识笔试根据中层管理岗位的要求，测试应试者胜任特定职位和工作的专业知识和能力。

a. 主要形式：书面答题。由测评小组会同有关专家进行评阅。

b. 考试的组织：测评小组负责。办公室负责考场的布置和相关后勤保障工作。

c. 注意事项：笔试题量较大，需要高度集中精力。在考试时间的安排上尽量选择人头脑比较清醒的时间，考场的布置要注意光线充足、通风良好。条件允许的情况下，尽量将笔试分散在多个考场同时进行。

③ 面试

面试是测评应试者组织计划协调能力、合作与沟通能力、变革创新与管理能力、言语表达能力、举止仪表、求职动机和拟任职位的匹配性。

a. 主要形式：采用结构化面试方式。

b. 考试的组织：测评小组组织实施，邀请集团公司领导参加。操作中分为 2 个面试小组，每个小组 10 人，每人面试时间为 20～30 分钟。

c. 注意事项：面试中考官根据应试者的临场发挥来评分，这对考官的素质要求较高；应试者的心态和情绪对测试效果有直接影响，容易出现晕轮效应（考官被应试者的某些突出的特征和品质所吸引，从而影响了对其他特征、品质的直觉和评价）。

④ 情景模拟

通过模拟的小组讨论，了解应试人员领导能力、人际交往能力、全局观念、工作责任心和进取心等方面的素质。

　　a. 主要形式：无领导小组讨论。

　　b. 考试的组织：测评小组组织实施，邀请集团公司领导参加。具体操作中分为 2 组，每个小组 10 人。将以前曾经接受过无领导小组讨论训练的人员或参加过类似测试的人员编为一组，剩下没有此类经验的编为一组。每组配备 5 名考官。讨论时间安排在 60～90 分钟。

　　c. 注意事项：情景模拟测试对测试人员要求较高，实际操作中易出现晕轮效应。

　　（3）测评实施过程中需要注意的问题

　　第一，采用并遵守标准化的指示语。指示语是在测评过程中说明测评进行方式以及如何回答问题的指导性语言。素质测评中指导语有两种：一种是针对应试者的，主要是对测评过程的细节做出进一步解释，包括场地设置、材料的准备、计时计分原则以及如何应对意外情况等，目的是为了保证测评情景的一致性；另一种是针对测评小组人员的，包括选择反应方式（画圈、打钩、填数字、口答、书写等）、如何记录这些反应（答卷纸、录音、录像等）、时间限制、计分的方法等，目的是为了减少测评的误差。测评双方都要严格遵照执行，才能确保测评效果。

　　第二，确定恰当的测评时限。素质测评既要考察应试者的反应速度，也要考察其解决较大难度问题的能力，涉及的测评工具和方法也比较多。不同类别的测评方法所花费的测评时间不同，具体的测评时间应该挑选能够完全发挥应试者智慧和能力的时间段（比如中午人容易犯困，身心比较疲劳，就不适宜安排测试）。此外，在测评实施前，要合理安排测评的先后顺序以及时间间隔，确定合适的测评时间。

　　第三，创造适宜的测评环境。测评环境的选择对测评效果有重要的影响。对环境的选择主要考虑测评现场是否适合应试者完成所测任务事项。如果测评环境通风设备不好、空间狭小、嘈杂、光线不好，容易使人心情烦躁、反应迟钝、疲劳，从而影响思考。所以测评时要让应试者在比较宽敞、光线充足、安静的环境中，这样才能使其注意力集中、思维敏捷、提高测评的准确性。此外，测评的人文环境也很重要。测评小组人员的态度要呈现出温和性和支持性，让应试者心情舒展、轻松应对。

　　第四，测评双方心理的调控。素质测评过程是测评小组人员依据一定标准对应试者有关方面情况进行评判的过程，所以测评小组人员的心理状态必然会影响测评结果，而应试者由于受到心理因素的影响，也常常会出现"失真"的情况，导致测评结果不准确。因此，对测评小组人员要选用思想品德好、实践经验丰富、心理素质好的人员，并对其进行测评技能培训，开展思想政治和纪律教育，使其端正思想，客观公正地进行评判；对应试者要事先进行宣传动员，提高其对测评的认识，使其以积极、自信的心态面对。同时在测评的过程中，注意保持主试与被试的良好心理交往状态，避免引起心理冲突。

　　3. 测评结果整理分析阶段

　　这一阶段的工作成果是人员素质测评结果报告，它是最后测评数据的分析输出阶段。前阶段的大量工作就是为最后的决策提供素材，将收集到的测评数据进行整理分析，并做出评定，主要包括以下几个方面。

（1）数据收集整理

在实施人员测评的过程中，施测方会获得各种各样的数据和主观印象。数据收集整理，就是将实施测评过程中的相关信息及可能对测评产生影响的细节记录下来，汇集成有用的测评信息，作为决策的辅助材料。如应试者的特殊表现（特殊的个人经历或特长）以及对测评产生影响的特殊因素（外来干扰、身体原因）。由于每种测评方法都是针对相应的测评指标进行的，所以信息处理的第一步就是将各项测评指标得分进行归集得出单项指标得分。获得了单项指标得分后，就可以按照预定的权重计算得出总得分。需要注意的是，测评实施过程中获得的测评信息不是百分百准确的，而且常常会出现不同测评方法获得的信息相互矛盾的情况，这时就需要在信息处理过程中进行适当修正。

（2）分析测评结果

对测评结果进行计分、统计和解释。测评涉及机考的部分，其测评报告只需在测试完成后打印。而专业性较强的测试如情景模拟、面试等须经测评小组的专家进行评估分析。

该国有企业中层管理人员部分测评情况如下：

① 管理能力倾向测验

该国有企业中层管理人员企业管理能力倾向测验总得分，如图 2-1 所示。

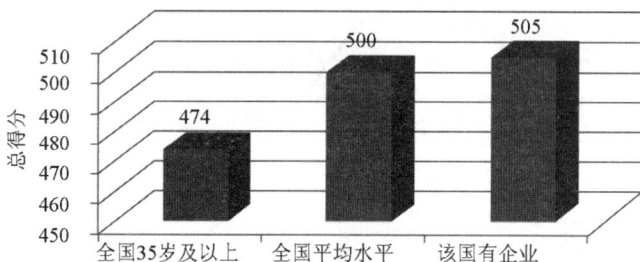

图 2-1　企业管理能力倾向测验总得分分布

该国有企业中层管理人员企业管理能力倾向测验单项得分，如图 2-2 所示。

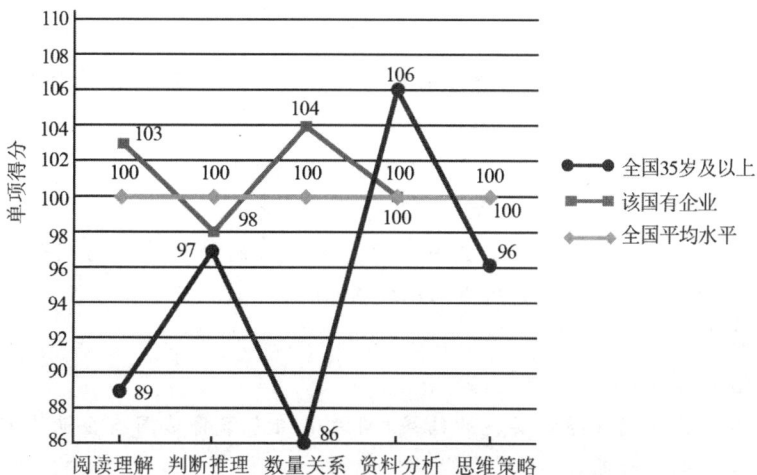

图 2-2　企业管理能力倾向测验单项成绩分布

a. 上述结果与全国中层管理人员平均水平比较。此次该国有企业参加素质测评人员的总平均成绩为505分,略高于全国平均水平(500分)。阅读理解、数量关系和思维策略等三项指标略高于或等于全国平均水平(100分);判断推理和资料分析则略低于全国平均水平(100分)。有26人的总成绩高于500分,占参测人员的52%。

b. 上述结果与全国35岁以上中层管理人员平均水平比较。此次参测的50名中层管理人员的总分平均成绩高于全国35岁及以上的管理人员平均水平(474分),其中阅读理解和数量关系两个方面优势略显突出。

分析认为,公司中层管理人员的整体能力素质一般,基本能够满足正常管理活动和发展的要求,但中层管理人员中的中高端人才缺乏,相当程度上影响了企业整体能力水平。因此容易导致人员在横向间比较相差不大,水平相当,缺乏进一步提高的认知和愿望,容易故步自封;同时,企业缺乏高端能力的典范引领和带头,难以形成能力方面新的突破。这样的能力等级结构很大程度上影响了企业管理水平的正常发挥,谈高效就更难了。

② 愿望和动机测评情况

该国有企业中层管理人员素质测评社会愿望量表测试结果成绩分布,如图2-3所示。

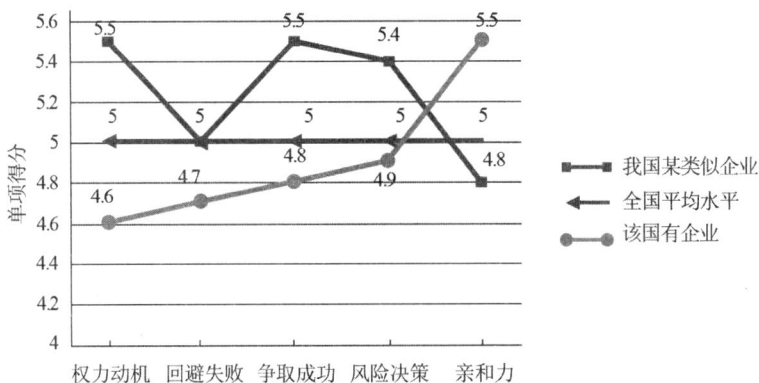

图 2-3 社会愿望量表测试结果成绩分布

a. 与全国平均水平比较。参测人员在亲和力维度上的得分明显高于全国平均水平;在权力动机、回避失败和争取成功上的得分则显著低于全国平均水平;在风险决策上和全国平均水平无明显差异。

b. 与我国某类似企业比较。参测人员在权力动机、回避失败、争取成功和风险决策上均显著低于我国某类似企业,只有在亲和力上显著高于后者。

通过对测验数据进行分析得出:公司此次参测人员的动机结构与理论分布的差距较大,对失败的承受能力较弱,工作的压力感比较强;而亲和动机显著高于其他动机,也明显高于理论分布的要求。

(3)测评结果的报告

根据上述人员素质测评组织实施的结果,测评小组专家将该国有企业中层管理人员队伍素质状况总结为两个方面:

一是公司中层管理人员的整体动机结构表现出了较强的工作压力感和焦虑感。工作时顾虑较多、小心谨慎，显现出不自信；思考较多，相对行动力度较弱。对于难度较大或是过于复杂的工作任务往往表现得比较优柔寡断；对于风险、失败的承受能力较弱，遇到矛盾、冲突，往往采取回避的态度。

二是中层管理人员个人化倾向较大。注重人际交往，追求和谐环境，但工作的配合度较低；大家较为关注自己的事务，本位思想较重；相互之间的协作配合不积极、不紧密，容易在工作中形成相互推诿、责任心不强的现象。有明显的执行倾向，能够完成分配的具体任务，但个人的工作积极性和主动性不高；倾向于按照传统习惯，并按部就班地行事；没有开拓与创造的锐气，表现得比较保守。

专家建议，应从以下五个方面采取积极的措施提升中层管理人员队伍的能力素质：

一是引进新的、先进的理念和方法来冲击现有的、保守和封闭的体系，并解决现有势力的矛盾和冲突，取得势力上的平衡；

二是加强外部复合型人才和专业型人才的引进，同时加强内部学习和培训，以具体、实际和有效的岗位培训为重点，注重效果；

三是充分运用员工对公司的感情和对前程的担忧，制定切实的激励政策和压力政策，从两方面激发其工作的积极性；

四是以个人业绩和表现结果考核为核心，充分调动员工积极性和主动性，形成"凡事有人负责，有章可循，有案可查"的岗位负责制；

五是制订企业改造和革新计划，注重策略，兼顾稳定与变革，分阶段分步骤，抓住重点问题逐步解决。

4. 测评结果的组织运用阶段

（1）用于人才的培训培养选拔

从根本上讲，人员素质测评本身不是目的，目的在于改进人力资源管理工作。从培养人才的角度来看，素质测评标准为人才的培养提供了正确的导向，人才培养的目标、内容、方法等的制定和确立将以测评的内容和标准为蓝图，促进人才培养与社会现实的需求实现平衡统一，测评结果也为企业开发人才资源、人力资源，提升人员素质提供了重要的依据。该国有企业根据测评结果对各层次的管理人员进行了培训。据该国有企业资料显示，自此次人员素质测评实施结束，集团公司层级组织送外培训 70 余人次，内部培训 100 余人次，各子公司自培 100 余人次。公司投入教育培训经费达 100 余万元。同时加强了对企业人才需求的前瞻性谋划，选聘了一批高层次和专业类人才：引进了 90 余名企业急需的各类专业管理人才，招收了高学历员工 300 余人，还加大了对企业内部人才的选拔、培养，重新修订完善了各项激励约束机制，建立了较为科学的管理人员绩效考评体系。

（2）用于中层管理岗位的重新配置

素质测评结果的另一重要运用就是对人力资源进行合理配置。根据测评结果，企业可以按照不同部门的发展状况和需求对人才结构进行调节，使之与一定的技术结构、产业结构和职业结构保持动态一致，从而使配置需求和可能有机结合。该国有企业根据专家的意见和建议，在企业内部进行了较大幅度的人事改革。对中层管理人员进行轮流轮岗交流，并在部分中层管理岗位推行竞争上岗制度。经过一段时间的调整,对约有半数的管理岗位进行了人员交流调整,并对部分核心管理职位实行了竞争上岗制度,对下属公司的干部队伍管理进行了大刀阔斧的改革。按照领导班子精干化、项目经理职业化的要求,对下属公司的领导班子和干部队伍实行分类、分系统管理。精简了领导班子职数,缩减了机关编制,并对相近职能的科室进行合并,集中办公。同时,对工程类公司的架构也进行了大刀阔斧的改革,并采取了矩阵扁平模式,即工程公司取消分公司,设若干项目部以及与之平行的专业公司。工程公司实行一级管理、两级核算,不设中间管理层,一竿子插到底,实行垂直领导。

(3)用于中层管理人员素质档案的建立

现代人力资源管理的另一个重要标志是建立"人事档案"和"人才信息库"。在人事档案和人才信息库中,人员的德、智、能、绩等方面的数据将作为人事角色的重要依据。该国有企业在此次中层管理人员素质测评中,从方案的设计到最后测评结果的分析评估,都做了深入细致的工作,对中层管理人员的工作能力、工作适应性和工作态度有了全面的了解和分析。根据测评得出的信息,该国有企业人力资源部门建立起了管理人员综合素质档案库,不仅提高了人力资源管理的科学化、规范化程度,更为公司今后人才的招聘、选拔、配置、培训、考核、激励以及实施各种福利和管理措施等提供了大量的、可靠的参考信息。

资料来源:魏凌云.ZT 集团公司中层管理人员素质测评方案

的设计与实施.成都:西南财经大学,2007

【实训步骤】

1. 材料阅读。

2. 分析案例,分组讨论。

3. 作业展示:

- 各小组应按要求的形式展示本次作业成果;
- 作业成果应简洁清晰;
- 作业成果中应包含本次实训要求展示的各项内容;
- 作业成果中应凸显本次实训的重难点;
- 作业成果不能有错误内容(否则按实际情况扣除相应分数)。

4. 教师点评。

5. 成绩评定。

【实训报告】

1. 该测评方案的优点。

2. 该测评方案需要进一步完善之处。

3. 人员素质测评实践中应注意的问题。

【实训成绩评定标准】

一、实训成绩评定依据

1. 实训报告的准确、完整程度。

2. 参与实训的态度和纪律。

二、成绩评定等级与标准

A：报告准确完整，态度端正；

B：报告较准确完整，态度较端正；

C：报告基本准确完整，态度基本端正；

D：报告尚准确完整，态度尚端正；

E：报告不准确完整，态度不端正。

实训项目 3：素质测评指标体系构建

【实训目的】

素质具有多维性，它必须由一系列测评指标组成的一个多项结构的指标"坐标系"（素质测评指标体系）来确定。要进行一次科学的素质测评，首先必须保证的是素质测评的指标体系具有科学性、规范性和可操作性，其中如何构建素质测评指标体系最为关键。本实训项目以湖北美岛服装有限公司的非计件员工为例，介绍测评指标体系的构建过程，旨在使学生更加清晰、具象地了解素质测评指标体系的概念及具体构建方法。

【实训场地】

开放式实训室

【实训准备】

一、知识储备

- 素质测评指标体系；
- 测评指标与指标体系的结构和构成；
- 测评要素，测评标准（测评标志、测评标度），测评权重；
- 客观测评与主观测评。

二、能力要求

- 各小组成员课前应充分利用各种资源，通过各种方式掌握学习内容；
- 各小组成员通过协作完成实训任务，按要求的形式（Word/PPT 等）展示作业；
- 各小组展示作业的代表同学语言表述应流利清楚，并在展示中突出本次实训的重难点；
- 各小组展示作业后的提问过程中要求各个成员都能积极参与回答同学的提问，而不是集中于某个或某几个同学；
- 课后各小组应对课堂内容及本次作业进行总结、修改，争取下次做得更好。

【实训资料】

企业人才测评指标体系构建案例

1. 背景描述

创建于 1991 年的湖北美岛服装有限公司（以下简称"美岛公司"），是一家中日合资企业。公司地处湖北东南部的黄石市，现有员工 4000 多人，总资产达 1.2 亿元，是国家级的中型服装企业。严谨的管理、精良的产品质量、一流的商业信誉使美岛公司的经营业绩不断提升，并被日本"纤研新闻"称为"女装王国的万能工厂"。2001 年 2 月 9 日，美尔雅临时股东大会通过关于出让美岛公司股权的议案。这次股权变动对于美岛公司来说，机遇与挑战并存。面对激烈的市场竞争，美岛公司加快了向经营型企业转变的步伐，并制定了稳住日本市场、大力拓展国内市场和欧美市场的企业发展战略。管理层从企业发展战略出发，敏锐地认识到要实现这一目标，人才是关键。为了发现人才、用好人才，并为人才的成长创造一个好的环境，美岛公司决定建立一套规范合理的绩效考核体系，并对公司所有非计件员工进行了一次测评，用以综合考察公司现有的人力资源状况。

美岛公司以生产高档女装为主，其业务长期以来集中在对日贸易方面，对内贸易、对欧美贸易近年来也有所发展；与这种业务性质相适应，美岛公司的组织结构由人力资源部、财务部、公关部、生产技术部、外经贸部、信息部、内贸部、设备部和生产厂组成。美岛公司的非计件员工有 80 多人，主要分布在辅助生产部门以及生产部门的管理岗位。与生产一线的计件工不同，这些员工学历相对较高，岗位绩效无法定量，能力表现也多样化，是公司人力资源开发的重点。

2. 测评对象和目的

（1）测评对象

美岛公司的非计件员工主要分布在辅助生产部门以及生产部门的管理岗位，如人力资源部、财务部、公关部、生产技术部、外经贸部、信息部、内贸部、设备部和生产厂。

（2）测评目的

① 希望通过科学的人才测评，对每个非计件员工的能力进行一次全面公正的评价，以便在实践中更好地配置人力资源。

② 希望能够发现一些具有发展潜力的人才，以便公司重点培养和加以重用。

③ 希望员工通过测评能够更好地认识自己，以便在以后的工作中提高工作绩效。

3. 确定人才测评指标体系的结构

能力是内在于人体之中体力和智力的总和，每个人的能力都是由各种素质要素耦合而成的综合体，因而衡量人与人之间的能力差异首先要建立一套表示人员素质及其功能行为的各个方面相互联系、相互制约的要素体系。只有在此基础上，我们才能通过测量个体在各个素质要素上表现出来的差异来全面衡量人的能力。一般来说，人的能力由心理素质、身体素质、文化素质和工作技能等几大方面组成,其中心理素质包括智力、人格和价值观等要素,身体素质包括健康状况与体力状况两个方面,文化素质由知识素质与专业素质构成,而工作技能包括专业技能与社会能力。美岛公司总结出的初步的测评指标体系,如表3-1所示。

表3-1 初步的测评指标体系

测评素质要素	测评指标
心理素质	智力、人格和价值观
身体素质	健康状况,体力状况
文化素质	知识素质,专业素质
工作技能	专业技能,社会能力

4. 测评指标的表述及筛选

能力要素体系涵盖了个体能力表现的各方面,然而,在企业实施人才测评不可能针对每一个要素都进行测量,因此合理选择与工作绩效密切相关的要素进行测评往往成为人才测评成功的关键。美岛公司人才测评指标体系的建立,实质上就是根据美岛公司的实际情况筛选出绩效相关要素并据以设计测评指标的过程。

接下来,美岛公司通过对员工的学历、工作年限、工作性质等项目的总体调查,发现参与测评的员工以做事务性工作为主,较少参与体力劳动,因而别除了身体素质要素;然后对被测评人员的工作岗位进行工作分析,明确岗位职责及任职资格,结合美岛公司各部门员工代表的访谈结果,确定绩效相关要素及测评指标,如表3-2所示。

表3-2 美岛公司人才测评指标体系

一级指标	权数	二级指标	权数	三级指标	权数
心理素质	30%	价值观	10%	1. 事业心、进取心	10%
		智力	10%	2. 学习能力	5%
				3. 综合分析能力	5%
		人格	10%	4. 积极主动性	5%
				5. 自信与开拓性	5%
文化素质	30%	知识素质	15%	6. 学历	6%
				7. 继续教育情况	9%
		专业素质	15%	8. 专业知识	7%
				9. 专业培训情况	8%
工作技能	40%	专业技能	15%	10. 专业技能与经历	15%
		社会能力	25%	11. 人际交往能力	5%
				12. 领导与管理能力	10%
				13. 科学决策能力	10%

5.确定指标权重

由测评小组使用主观加权法,经过反复修订,得到表3-2所示的各测评指标权重。

6.测评指标的计量

由于非计件员工的测评指标无法进行客观计量,因此,只能利用主观性测评指标的计量方法进行计量,即每个测评指标都分为一至五等,分别对应分数5～1分。从一等到五等均匀而连续地递减排列,一等是最高水平,五等是最低水平,如表3-3所示。

表3-3 美岛公司测评指标的计量

一级指标	权数	二级指标	权数	三级指标	权数	评价等级及赋分				
						一等	二等	三等	四等	五等
心理素质	30%	价值观	10%	1.事业心、进取心	10%	5	4	3	2	1
		智力	10%	2.学习能力	5%	5	4	3	2	1
				3.综合分析能力	5%	5	4	3	2	1
		人格	10%	4.积极主动性	5%	5	4	3	2	1
				5.自信与开拓性	5%	5	4	3	2	1
文化素质	30%	知识素质	15%	6.学历	6%	5	4	3	2	1
				7.继续教育情况	9%	5	4	3	2	1
		专业素质	15%	8.专业知识	7%	5	4	3	2	1
				9.专业培训情况	8%	5	4	3	2	1
工作技能	40%	专业技能	15%	10.专业技能与经历	15%	5	4	3	2	1
		社会能力	25%	11.人际交往能力	5%	5	4	3	2	1
				12.领导与管理能力	10%	5	4	3	2	1
				13.科学决策能力	10%	5	4	3	2	1

7.人员测评方法体系的设计

明确了测评指标,接下来就需要确定用什么方法进行测评才能让个体能力在各项指标上显示出差异。常用的测评方法有心理测验法、笔试法、面试法、情景模拟测验法、评价中心法和评定法等。美岛公司此次测评综合使用了多种方法,其测评方法体系,如表3-4所示。

表3-4 美岛公司人员测评方法体系

测评方法	对应的测评指标	权重
笔试法＋情景模拟测验法	7.继续教育状况	30%
	9.专业培训情况	
	10.专业技能与经历	
	12.领导与管理能力	
	13.科学决策能力	

续　表

测评方法	对应的测评指标	权重
面试法	1. 事业心、进取心 3. 综合分析能力 5. 自信与开拓性 8. 专业知识	20%
学历、工作经历评定法	2. 学习能力 6. 学历 7. 继续教育情况 8. 专业知识 9. 专业培训情况 10. 专业技能与经历	15%
绩效考评： 目标考核 过程考核	综合评定	20%
群体评议	4. 积极主动性 10. 专业技能与经历 11. 人际交往能力	15%

注：这里的权重是指测评方法的使用权重。

上述测评方法体系之所以没有涉及心理测验法和评价中心法，是因为这两种方法主要用于企业招聘与甄选、人力资源开发及高层次管理人员的选拔。在现代企业管理实践中，笔试被广泛运用于人员招聘、选拔和培训开发。在这次测评中，笔试主要用于测评员工的工作技能；为了提高测评的效度，这次测评将情景模拟测验法引入笔试，让被测者直接针对实际的或模拟的工作内容和需要解决的问题进行分析。与此同时，为了增强试卷的区分度，试题的难度也依次变化。试题最后一项内容为结合本职工作写一篇建议书，它综合考核了被测者的工作能力。

学历是一个人综合智力的反映，而工作经历则是对工作经验的一个综合评价。面试法有结构化面试与非结构化面试两种，美岛公司测评面试的题目、顺序和分项评分标准，综合考虑了两种方法的优缺点，而在实际面试过程中，针对每个人的实际情况，可以部分地运用非结构化面试了解必要信息。

群体评议是我国常用的人事管理工具。俗话说，"群众的眼睛是雪亮的"，谁干得好谁干得不好，每个人心里都有一杆秤，所以，这种方法用于人员测评就具有一定的可靠性。测评员工的人际交往能力，如果单纯采用案例分析试题测评，要么显得不真实要么显得比较单薄。显然，用群体评议对这些能力进行测评更合理些。

资料来源：http://www.docin.com/p-721087816.html

【实训步骤】

1. 材料阅读。

2. 分析案例,分组讨论。

3. 作业展示：

- 各小组应按要求的形式展示本次作业成果；

- 作业成果应简洁清晰；

- 作业成果中应包含本次实训要求展示的各项内容；

- 作业成果中应凸显本次实训的重难点；

- 作业成果不能有错误内容（否则按实际情况扣除相应分数）。

4. 教师点评。

5. 成绩评定。

【实训报告】

1. 何谓素质测评指标体系？

2. 指标体系及指标体系的结构与构成。

3. 测评指标体系的构建方法。

4. 素质测评指标内容的确定。

5. 要想设计一套适合企业需要的测评方案,需要注意什么问题？

【实训成绩评定标准】

一、实训成绩评定依据

1. 实训报告的准确、完整程度。

2. 参与实训的态度和纪律。

二、成绩评定等级与标准

A：报告准确完整,态度端正；

B：报告较准确完整,态度较端正；

C：报告基本准确完整,态度基本端正；

D：报告尚准确完整,态度尚端正；

E：报告不准确完整,态度不端正。

实训项目 4：胜任力模型

【实训目的】

胜任力是指能将某一工作中表现优异者与表现平平者区分开来的个体特征。胜任力模型是指担任某一特定的任务角色需要具备的胜任力的总和，它是针对特定职位表现要求组合起来的一组胜任力特征，或者是指担任某一特定的职位所需具备胜任力特征的集合。本实训项目通过对三个有关案例的深入解读，旨在使学生更加清晰、具象地对胜任力模型的概念、具体构建流程及模型应用有一个更加深入的把握。

【实训场地】

开放式实训室

【实训准备】

一、知识储备

- 素质的冰山模型；
- 胜任力与胜任力特征；
- 胜任力模型；
- 胜任力模型的构建流程；
- 胜任力模型在企业中的实际应用。

二、能力要求

- 各小组成员课前应充分利用各种资源，通过各种方式掌握学习内容；
- 各小组成员通过协作完成实训任务，按要求的形式（Word/PPT 等）展示作业；
- 各小组展示作业的代表同学语言表述应流利清楚，并在展示中突出本次实训的重难点；
- 各小组展示作业后的提问过程中要求各个成员都能积极参与回答同学的提问，而不是集中于某个或某几个同学；
- 课后各小组应对课堂内容及本次作业进行总结、修改，争取下次做得更好。

【实训资料】

材料一：

咨询公司建立胜任力模型的流程

在当前的管理实践中，由于自己的专业力量不够，很多大公司往往会邀请外部咨询测评公司来为自己构建各类人员的胜任力模型。这里以诺姆四达测评咨询公司为例，来说明咨询公司构建胜任力模型的一般流程，如图4-1所示。

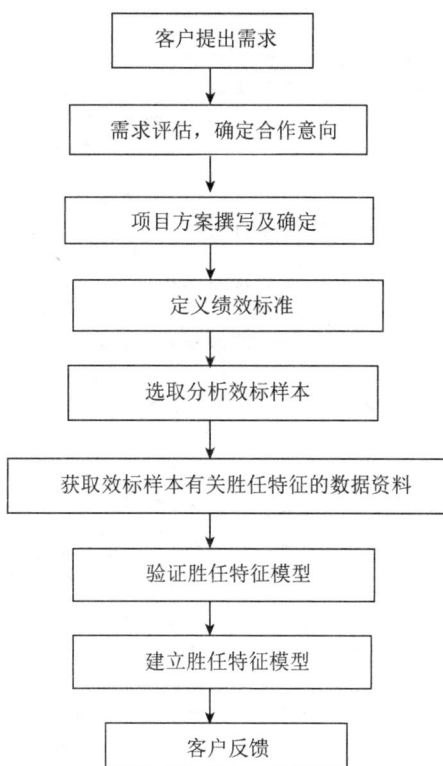

```
        ┌─────────────────────┐
        │    客户提出需求         │
        └─────────────────────┘
                  ↓
        ┌─────────────────────┐
        │  需求评估，确定合作意向    │
        └─────────────────────┘
                  ↓
        ┌─────────────────────┐
        │   项目方案撰写及确定      │
        └─────────────────────┘
                  ↓
        ┌─────────────────────┐
        │    定义绩效标准         │
        └─────────────────────┘
                  ↓
        ┌─────────────────────┐
        │   选取分析效标样本       │
        └─────────────────────┘
                  ↓
        ┌─────────────────────────┐
        │ 获取效标样本有关胜任特征的数据资料 │
        └─────────────────────────┘
                  ↓
        ┌─────────────────────┐
        │   验证胜任特征模型       │
        └─────────────────────┘
                  ↓
        ┌─────────────────────┐
        │   建立胜任特征模型       │
        └─────────────────────┘
                  ↓
        ┌─────────────────────┐
        │    客户反馈            │
        └─────────────────────┘
```

图4-1 测评咨询公司的建模流程

请咨询公司构建胜任力模型的最大优点是他们的专业性比较强，经验比较丰富。比如，广州市浩华企业管理咨询有限公司在以往的大量咨询实践中，建立了丰富的胜任力模型数据库，共有150个胜任力数据模型（下面给出影响力和团队精神两个胜任力特征的行为描述样例）。

1. 影响力

影响力是指说服或影响他人接受某一观点，采取某一议程或从事某一具体行为的能力。影响力的胜任力特征行为描述，如表4-1所示。

表4-1　影响力的胜任力特征行为描述

		典型行为
一级	运用直接说服法试图产生影响。呈现合理的论据、数据和具体的实例,并清楚地组织事实与论据。 行为示范: 1. 清晰地解释相关事实;呈现合理的、准备充分的案例。 2. 运用直接的证明,诸如关于实质特征的数据、意见一致范围与利益等进行说服。提出有说服力的论据以支持个人观点,要求对方作出承诺或保证。	典型行为 1. 在提出论点之前,组织好观点。列出提纲,确保论点清晰、简洁和深思熟虑。提出问题的方式更具影响力。 2. 准备论点时,检查一下哪种强有力的证据可以支持你的主张。找出这些信息并在提出问题时使用这些信息。当试图影响他人时,数据总是有价值的。开会时注意观察别人是怎么发挥影响力的。记下他们诸如发布信息或搜索信息、表达原理、证实和总结的重点,对反对意见的处理和建立联盟的语言行为。然后判断你能否在必要时具体运用其中的一些技巧。
二级	采用行动或语言的方法来引起别人的兴趣和想法。预测你的语言或行动将会造成何种影响。 行为示范: 1. 通过指出他们的忧虑以及强调共同利益来说服他人。 2. 预估别人的反应,并采取相应的表现方式。 3. 根据相应的需要采取合适的风格和语言应对。 4. 用案例或论据创造出一个"双赢"的解决方案实现双方目标。	典型行为 1. 尽可能多地了解将要会见的人的情况,并在第一次会面时运用。将兴趣放在个人事务上,使对方更易于接受你和你的观点。 2. 预测听众的反应,为他们可能提出的批评准备可供选择的论据。既然不是人人都有相同的动机,设计出偶然性论据是非常重要的。通过大量的论据为你的观点辩护,就增加了影响听众的可能性。 3. 熟知听众关心、忧虑的问题。试图说服这些人时,应查明哪种资料是最有影响力的。汇集这些资料,以此提出你的观点。知道什么能激发别人是很关键的。当试图获得听众的支持时,诱发这些动机极为重要。
三级	采取多元化、习惯化的影响战略:采用多样的行为去影响听众,每一种行为都要适应其目标听众。 行为示范: 1. 运用新的宣传媒介吸引听众。 2. 开发有选择性的信息发送媒介,每种媒介适应不同听众的兴趣。使用的宣传方式适于整合关键听众的"兴奋点",并结合其他关键事件和策略以提高你的影响力。	典型行为 1. 花时间准备可选择的论据并应用在说服性的努力上。优先使用可能对听众最具诱惑力或影响力的术语。 2. 当设计一份提出决定性议题计划时,要密切关注重要的股东。查明他们的利益、动机和对其施加影响的个人。利用这些资源,发展你的论据,针对其需要设计你的论据。还要获得那些影响股东的人的支持以确保成功。运用大量的说服性资料将会让你产生更多的影响力。理解你的合作者和客户,查明每一个合作者或客户独有的问题、关心事件和动机。应用记录下的这些信息,这将会直接或间接影响他们的决策。
四级	运用复杂间接的影响:通过第三者或专家来施加影响。结成联盟,建立幕后支持,构成影响别人行为的有利形势。 行为示范: 1. 游说关键性人物,证实并解决他们的忧虑和担心,利用这些个人来支持自己的观点。 2. 通过确保他们的参与给人们以影响。 3. 精心策划事件以间接影响他人(如计划时间的安排,策划关键事件,预测有关关键联盟的提议,影响证言等)。	典型行为 1. 当非正式影响他人时,采取更少直接的方法。可以给出提议预测,做些幕后工作以获取关键人物的支持等。 2. 在本组织内外与有影响的个人建立联系,可以利用他们的影响和声望来支持你的立场。 3. 加深对非正式组织的理解,经常让同事了解组织内部工作运行的实际情况。

2．团队精神

团队精神是指与别人一起工作，而不是单独工作或与别人竞争的一种能力。团队精神的胜任力特征行为描述，如表 4－2 所示。

表 4－2　团队精神的胜任力特征行为描述

一级	信息共享：使员工及时了解公司的成绩，分享所有有关信息。 行为示范： 1．大方地传播别人需要的信息，让同事跟上自己的行动。 2．书面文件要准确，易于别人阅读与理解。 3．推动团体会议与讨论。	典型行为 1．定期举行小组会议，实现信息与主意的共享。 2．鼓励成员提出问题。 3．为成员提供对其了解自己角色有帮助的数据或资料。
二级	征求意见：评价他人意见和经验的价值。征求他们的意见、创意和经验，通过这些来做出决定或计划。要求公司的员工都参与到这一工作中去。 行为示范： 1．重视和评论。 2．确保每一个成员的参与，请他们解释支持的原因。 3．让员工参与能够影响他们的活动（如问题解决、计划决策、目标设立等）。	典型行为 1．提出每一次会议上需要解决的问题。 2．会上鼓励成员评价问题或提出解决问题的办法。 3．只要有可能，就尽量达成一致。避免在所有成员未达成一致前就仓促做出决策。
三级	鼓励与授权：公开表扬对工作有贡献和有出色业绩的员工，鼓励并授权给他们，促进良好的品行和合作关系，把团队的冲突公开化。 行为示范： 1．为他人提供展示自己成果的计划。 2．了解能激励不同员工的动力，有针对性地采用最有效的赞赏方式。 3．只要发现有冲突，就亲自过问帮助解决问题，并弄清问题的实质。	典型行为 1．鼓励团体做出决策，允许成员决定怎样达到目标。 2．在发现成员从事额外工作以帮助解决团体问题时，要提出表扬与激励。 3．庆贺团体的成绩，计划一次活动庆祝团体获得的成绩。
四级	解决冲突：对于团队的冲突和问题，采取有益的解决方法。 行为示范： 1．亲自或通过第三人劝告冲突当事人。 2．必要时，重新分配工作、职责和上下级关系。 3．当冲突是因绩效问题引起时，收集所有相关信息，采取适当的培训或纪律程序。	典型行为 1．识别需要一起友好地工作才能实现目标的两个成员。与他们分别交流，找出问题根源。 2．与发生冲突的双方面谈，解释对方需要彼此做的工作，建议双方成一致，以实现集体目标。 3．设立一系列需要大家一起亲密地工作才能完成的任务。

必须指出的是，请咨询专家来构建胜任力模型也存在一个问题，那就是他们对公司的企业文化、战略目标和行为背景往往比较陌生，这就要求公司内部的中高层管理人员紧密配合咨询专家开展工作，单靠咨询公司自身的力量是远远不够的。毕竟，构建胜任力模型不是做

一个漂亮的研究,而是为企业做好人力资源管理工作奠定基础。

资料来源:上海诺姆四达测评咨询公司提供案例

材料二:

邮电干部的胜任特征评价

1. 邮电部门运用胜任特征评价方法的背景及操作方法

原邮电部在进行组织机构改革时,就比较注重对领导干部的选拔和考察,要求领导干部不仅仅应当具备基本的思想素质、文化和以往的业绩,更重要的是注意考察那些具有与普通干部相区别的深层次的胜任特征的优秀领导干部。

邮电业的干部考察在采用"通信业管理干部访谈纲要"与若干邮电管理干部进行了访谈之后,得到了胜任特征编码手册。利用编码手册对谈话文字资料进行分析编码,选择优秀组和普通组具有显著差异的指标项作为胜任特征,这些差异显著的胜任特征项目将作为管理干部应重点考察的测评指标,即:

- 社会责任感(将组织长远发展放在个人业绩之上,具有全局全网观念和紧迫感)。
- 成就欲(高标准的工作要求,创新,事业心)。
- 市场开拓能力(对市场需求的敏感,善于发现和推广基层单位符合市场方向的做法)。
- 决策规划能力(调研,信息搜集,年度计划,有一套解决问题的思路)。
- 教导沟通能力(政策理论水平,观念沟通宣传,教导下属,个人影响力)。

对于上述核心测评指标的具体含义和评价操作方法,在这里通过对某省市邮电管理局某干部的访谈录音片段中各个特征指标地分析来进行说明,如表4-3所示。

表4-3 社会责任感的编码分析

访谈内容	编码
那是4月份,第一个月执行的时候,有的同志讲,哪知道是这样的啊,这样的话我们就不能举手啊。他不知道啊,有些职工的层次低,他不能了解,他没有经历过这个事情。就改革后的第一个月,我自己少拿160元,我在机关里面拿的是全局的平均收入,第一个月我自己是少拿的最多的一个人,160元,我记得很清楚。我想,这是我在邮局改革里,在分配制度改革下,深深的一个痕迹。这个痕迹,也坚定了我必要要走下去的决心。其他人少拿80多元、90多元、100多元的都有,可知道局长比我们还少拿,心理又平衡了……	社会责任感 A5

(1)社会责任感

社会责任感就是能将组织长远发展放在个人业绩之上,具有全局全网观念、紧迫感。管理者能在行为上与组织的目标、需求和优先性保持一致,能把组织的需要放在个人利益之前,能采用促进组织目标或适合组织需要的方式去工作。

(2)成就欲

成就欲即高标准的工作要求、创新要求和事业心。就是努力提高绩效,使自己完成具有挑战性的目标,把事情做得更好(更快、更有效、更少的成本等),用自己认定的某个标准来要求自己,如自己过去的成就(自我完善),某个客观的指标(相应的结果),别人的成绩(竞争性),前人已有的记录,独家成果(企业家冒险性地开发新产品、服务、方法),新的事情(创新)。

努力缩小差距，保证高质量，严格检查或监测数据与工作，建立和维护组织工作系统。在工作中，相对于别人或工作要求和期望做的工作，自我要求去做更多的工作或自愿去做更多的工作，在发生的事件要求采取行动之前就主动采取措施，提高工作成绩，避免失败，发现或创造新的机会，如表4-4所示。

表4-4　成就欲的胜任特征分析

访谈内容	编码
……我当时很着急，我觉得武汉作为一大城市，而且是在省会城市中间，它过去在长途枢纽，地位是很重要的，仅次于北京、上海。那么，我觉得在这种新一轮的业务发展中，武汉也不能落后。你不能说50年代、60年代武汉是仅次于北京、上海的，到了80年代、90年代，武汉都无影无踪了。我说这不行，作为一个大城市，一个传统的长途枢纽，我觉得应该保持以往的地位，新一轮的业务发展也应该是名列前茅的才行……	成就欲 ACH A5

针对这段文字，参照表4-5的成就欲的胜任特征编码，确定他属于成就欲，并且确定其强度为A5。

表4-5　成就欲的胜任特征编码

A. 成就欲强度

A-1. 没有优秀工作的标准。不特别关心工作，只做被要求做的分内工作（可能关注于与工作无关的社会生活、地位、嗜好、家庭、运动及爱情等）。在采访过程中，他们表现为不能对自己的工作做生动而详细的描述，但对工作以外的活动却能娓娓而谈。

A0. 注重任务本身。努力工作，但对于工作结果是否出色则没有标准。

A1. 想做好工作。向优秀标准努力，试图将工作做好或正确无误。有时也许会表达出对浪费时间和低效率的沮丧（如埋怨浪费时间并想做得更好），却没有因此有特别的提高。

A2. 为达到管理层的标准而工作。努力工作以达到管理层所设定的标准（如达到预算、销售额和质量要求）。

A3. 设定个人的优秀标准。使用自己的特定的评价方法向非管理层制订的优秀标准挑战，如：节省时间、资金，超越其他员工，竞争，或设定模糊的不具真正挑战性的目标（注：未达到A5标准的目标，则适用此评分标准）。

A4. 提高表现。在系统中或个人工作方法中进行特别的改变以求得更高的工作表现（如：工作做得更好、更快，成本更低，工作更有效率；提高质量、顾客满意度、士气和收入），但没有设定任何特殊的目标。

A5. 制订挑战目标。制订和努力达到自己或别人订的挑战目标（如在半年内使销售额/质量/产量提高15%），挑战意味着有50%的概率达到目标，这并非不现实或不可能。

A6. 进行成本收益分析。基于投入与产出制定政策，决定优先要素，选择目标；考虑潜在利润、投资回报或进行成本收益分析。

A7. 承担有预计的企业风险。在不确定的情况下，仍使用重要资源和（或）时间以提高工作表现，尝试新东西，力图达到一个挑战目标（如开发新产品和服务，进行反方向的经营），同时充分考虑以求得最小的风险度（如进行市场调研，提前评估顾客的数量），鼓励和支持下属尝试风险锻炼。

A8. 坚持不懈的努力。在困难障碍面前采取不懈的、坚实的行动去达成创业目标，或能成功地实现创业的目标。

（3）市场开拓能力

市场开拓能力指对市场需求的敏感度,善于发现和推广基层单位符合市场方向的做法;有帮助和服务他人的精神,努力(包括主动性和执着)地去发现顾客或客户的需求并满足这些需求。客户包括内部的职员(如老板或下级部门),学生或外部的顾客,如表 4-6 所示。

表 4-6　市场开拓能力的编码分析

访谈内容	编码
当时市局还不太重视,他和电影院联合卖电影票,怎么卖? 将电影票做成明信片。他和这个电影院的负责人商量,现在这个电影不是不景气吗? 电影票很难卖。我们的明信片业务,可以促进你们电影票的销售。人家刚开始还搞不清什么是促销,他说我可以给你发一张电影票的明信片,我邮政窗口这么多,比你这个店强多了。我可以给你宣传,一张明信片赚多少钱,我宣传促销以后,这个利益我们共同分,这样不是也发展了我们的明信片业务吗? 电影院负责人一听这个方法不错,非常高兴,立即就同意了。当我了解这个情况以后,我就觉得这就是开展函件的一个新方法。当即把他们叫来,他们当时还不是很清楚怎么回事。我就说我听到这件事情,觉得非常好,后来就到这个地方调研,然后跟他们一起总结。现在我们这个电影院售票方式有两种:一种是电影院窗口卖电影票,另一种是来我们邮电局窗口买明信片电影票,无论任何时间去看……	市场开拓能力 A6

（4）决策规划能力

决策规划能力是指能从全方位开展调研,信息搜集,制订年度计划的能力,有一套解决问题的通用思路,如工程规划图等;能把复杂的问题、过程或项目分解成部分并系统地加以考虑或组织的能力,如系统地比较不同的特征或方面,合理地确定优先顺序,鉴别时间序列;能识别没有明显关系的情况间的模式或连接关系的能力,抓住复杂情景中关键的、含混的问题的能力,或用创造性的、概括的、归纳的方法建立新的概念,如表 4-7 所示。

表 4-7　决策规划能力的编码分析

访谈内容	编码
实施这个测算想法,最初起源于去年。经过半年多的调研,在熟悉情况以后,我就觉得邮局职工的观念比较保守。而且邮政不像电信,它的辐射面比较窄。邮政进入市场,深度与广度,不比社会的一些有关部门,竞争力度不够,活力也不行。那么在这种情况下,要增强企业活力,必须要加强机制的建设。机制的建设,我主要讲这个管理机制,组织机构也算一方面,人事嘛,分配嘛。所以 1997 年,我就决心先把人事管理机构理顺,把人事机构搞上去,今年再把分配机构搞上去,所以今年上半年过了年就干这件事。	决策规划能力 A4

（5）教导沟通能力

教导沟通能力是指具有较高的政策理论水平,能进行观念沟通宣传,教导下属,驾驭全局,有个人感召力,能恰当而有效地运用个人的权威或职位的权力,使他人顺从自己的意愿(基于组织长远的利益考虑)。它包括一个主题或基调"告诉人们做什么"。这个基调不是强硬和指令性的要求或者是威胁,而是真诚地愿意培养下属并能以适合下属发展水平的方式来培养。它关注于培养的意图和效果,而不是培训的正式角色。它需要有真诚的、经过考虑的培养下属的意愿和努力，不包括例行的、正式的训练项目。有意成为工作小组或其他团体的领导角色，有领导他人的欲望。小组领导能力通常显示于正式的权力职位，如表 4-8 所示。

表 4-8 教导沟通能力的编码分析

访谈内容	编码
所以当时我去的时候，工作促进是非常的难。首先班子不太团结，局里职工、干部也分成两派，往往是盯着局长。说难听话，局长上厕所也不安生，职工竟敢堵到厕所，揪着领口往外拉。所以职工的思想很混乱，把企业的发展、整个工作的主旋律抛在一边，没有看到外面的邮电发展到了什么程度，老纠缠一些历史的陈年旧账。在这个方面我没有就理顺抓理顺，就管理抓管理，就协调抓协调，而是想着如何把它往发展上引导，我想让他们看到差距。我当时给他们算了几笔账，首先带他们出去学习，为了让他们开窍，我就带了七个业务骨干（有搞邮政方面的，有搞建筑方面的，有搞管理方面的，还有综合方面的）到省局和一些领导座谈，去参观比我们发展得快的，都是要看看、问问，然后他们做了好多比较。回来以后，没和他们几个人说，我就召开一次职工代表大会，就三安邮电局多年来开不起职工大会，我去以后，这个职工大会开起来了。要他们七个干部每个人回来跟我讲，给他们 10 分钟、20 分钟，谈谈这次出去考察学习以后，最受启发的事是什么，并要求他们职工代表大会上发言，通过他们进行职工宣传、感染、互相影响。这几个在三安都是有能力的、有本事的人。后来他们都基本通了，通过他们一个人带了 8~10 人，整个队伍基本就形成了。最后我来讲，我们的优势，我们的劣势，全国发展的形势——因为我刚从北京学习回来，情况我很清楚，世界发展的形势，全国发展的形势，我们三安发展的形势，我们之间的差距。这个会开了三个半小时，我印象最深，因为 100~200 的职工、干部，那会议室坐满，楼道上坐满，三个半小时，没有一个人离开。完了之后是一种什么样的情况？职工喊起来了，我们三安邮电局职工也不落后，要赶上去，只要你们领导带我们干，要争当百万富翁。为什么叫百万富翁呢？就那一年我们业务收入增长比例达到 47%，业务收入达到 108 万元，整个通信能力增长了，职工的经济水平上去了，职工观念也转变了。	教导沟通能力 A7

2. 通信业专家访谈纲要

被访问者：编号_____ 姓名_____ 年龄_____ 职务_____ 联系电话_____

访谈者：_____ 访谈时间____年____月____日

访谈说明

这次访谈，是想了解您作为通信业管理干部中的成功人士的成功事迹，分析您在这些关键事例中所体现的领导品质。这对于信息产业部形成全面、规范、操作性强的干部考评指标体系有着重要的意义。

这个研究工作会占用您较多的时间，访谈结束后，我们备有_____元的咨询费，虽不能与您的贡献相比，但表示了我们的谢意。

为便于整理，我们将对谈话录音，并保证谈话内容仅供研究之用，请给予理解支持，谢谢！

访谈内容

1. 您在通信业从事过哪些方面的工作？您在工作中取得了哪些成就？请您至少举出三

件您负责做过的成功事例,请给出三个名称来代表这三件事。

2. 请您谈一谈第一件事(请详尽谈谈您在这一工作中的具体角色、任务、最初想法、决策实施过程、所遇到的困难及其处理方法、成功后的体会与感受等)。

3. 请您谈一谈第二件事。

4. 请您谈一谈第三件事。

5. 请您谈一谈您最遗憾的一个工作经历是什么,请详尽谈谈您在这一工作中的具体角色、任务、最初想法、决策实施过程、所遇到的困难及其处理方法、体会与感受等。

资料来源:王继承.人事测评技术.广州:广东经济出版社,2001

材料三:

基于胜任力的人力资源招聘选拔

如今企业招聘工作的重点已从传统的对空缺职位的人员需求,逐步转向为保证企业战略目标的实现的需求。甄选那些能帮助企业达成当期以及长期的战略意图的高素质员工,已成为企业招聘的目标。传统招聘主要注重考察候选人的外显特征,以教育背景、知识水平、技能水平和以往的经验作为选拔的决策标准。由于这些标准注重的岗位需求过窄,缺乏高绩效所需要的其他因素的考虑,所以经常会导致选拔出的人不能胜任工作的困境,给企业资源造成很大浪费。目前,中外学者有一个共同的观点,即认为胜任力是预测未来工作绩效的重要指标,基于胜任力模型的招聘能够更好预测和选拔出高绩效的员工,更易于实现组织绩效。

1. 胜任力和胜任力模型的基本理论

胜任力(也称胜任特征),是指能将某一工作中表现优异者与表现平平者区分开来的个人的、潜在的、深层次的特征,它可以是动机、特质、自我形象、态度或价值观、某领域的知识、认知或行为技能——任何可以被可靠测量或计数的,并且能显著区分优秀绩效和一般绩效的个体特征。

虽然不同学者对胜任力的定义各有不同,但学者们普遍认为胜任力应具有三个重要的特征表现,即与工作绩效有密切的关系(甚至可以预测员工未来的工作绩效);与任务情境相关联,具有动态性;能够区分业绩优秀者与业绩普通者。

胜任力模型是指担任某一特定的任务角色需要具备的胜任力的总和,它是针对特定职位表现要求组合起来的一组胜任力特征,或者是指担任某一特定的职位所需具备的胜任力特征的集合。即:

$CM = \{CI_i, i = 1, 2, 3, \cdots, n\}$;CM 表示胜任力模型,CI 表示胜任特征,$CI_i$,即第 i 个胜任特征,n 表示胜任特征的数目。

2. 如何构建胜任力模型

(1) 建立面向战略和价值观的胜任力模型

虽然目前国内有很多企业声称已经建立胜任力模型,但真正能够确保胜任力模型准确性和效度的屈指可数。因为大多数企业的通常做法是利用文献参阅法,直接借鉴其他企业现有需求职位的胜任力模型。这种做法由于与企业自身战略、特定资源、特定文化与特定职位相脱节，所以即便是有也形同虚设，根本无法保证招聘效果。这是因为：第一，直接借鉴现有职位胜任力模型建立选聘标准，没有考虑到劳动力市场的供求状况（现实中很少有候选人能够具备胜任力模型清单上所有的能力要求）；第二，没有考虑使用员工的成本收益问题（即哪些能力是企业当前缺少的和至关重要的，哪些能力是通过员工学习和企业培训在随后的工作中可以获得的，哪些能力是容易培养的，哪些能力是不容易培养的）。所以，要想解决上述问题，企业一定要基于自己的战略目标，充分考虑企业发展规模、组织架构、文化理念、政策制度等，结合企业实际，以增加企业效益为基点，本着实用性和可操作性的原则，进行有针对性的开发与设计。构建基于企业目标和发展要求的胜任力模型和面向战略和价值观的胜任力模型，才能真正确保胜任力模型的准确性和效度，才能保证所招聘的人才符合"组织"而非"岗位"的需要，符合"未来"而非"过去"的需要！

（2）胜任力模型的建模流程（见图 4-2）

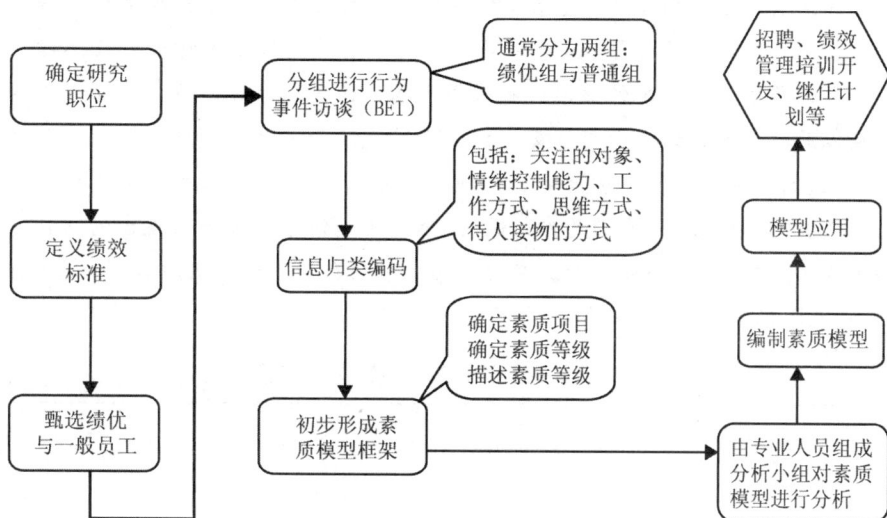

图 4-2　胜任力模型的建模流程

针对不同的企业，胜任力建模的步骤及方法是有差别的。一般来说，开发胜任力模型需要经过以下几个主要步骤。

① 确定研究职位。虽然基于胜任力模型的招聘在识别候选人胜任特征的能力及效度上优于传统的招聘方式，但模型开发需要投入大量的时间、物力和财力，而且技术要求很高，只能限定职位小范围展开。因此建议根据企业管理中的"二八理论"，首先选择确定在生产经营活动价值链中的关键职位，然后根据具体考核目标，确定不同层级的胜任力模型。

② 定义绩效标准。绩效标准一般采用工作分析或专家小组讨论的办法来确定。其中，工作分析方法是指采用工作分析的各种工具与方法明确工作的具体要求，提炼出鉴别绩效优秀的员工与绩效一般的员工的标准。而专家小组讨论则是由优秀的领导者、人力资源管理层和研究人员组成的专家小组，就此岗位的任务责任和绩效标准以及期望优秀领导表现

的胜任力行为和特点进行讨论,得出最终的结论。如果客观绩效指标不容易获得或经费不允许,一个简单的方法就是采用"上级提名"。这种由上级领导直接给出的工作绩效标准的方法虽然较为主观,但对于优秀的领导层也是一种简便可行的方法。企业应根据自身的规模、目标、资源等条件选择合适的绩效标准定义方法。

③ 选取分析效标样本。根据岗位要求,在从事该岗位工作的员工中,分别从绩效优秀和绩效普通的员工中随机抽取一定数量的员工进行调查。

④ 获取效标样本有关胜任特征的数据资料。可以采用行为事件访谈法(BEI)、专家小组法、问卷调查法、全方位评价法、专家系统数据库和观察法等获取效标样本有关胜任力的数据,但一般以行为事件访谈法为主。行为事件访谈法是由 David Mclelland 提出来的,也是目前公认的最有效的方法。它是一种开放式的行为回顾式探察技术,要求被访谈者列出他们在管理工作中发生的关键事例(成功事件、不成功事件或负面事件),并且让被访者详尽地描述整个事件的起因、过程、结果、时间、相关人物、涉及的范围以及影响层面等。同时也要求被访者描述自己当时的想法或感想,例如是什么原因使被访者产生类似的想法以及被访者是如何去达成自己的目标等,在行为事件访谈结束时最好让被访者自己总结一下事件成功或不成功的原因。行为事件访谈一般采用问卷和面谈相结合的方式。访谈者会有一个提问的提纲以此把握面谈的方向与节奏。访谈者事先不知道访谈对象属于优秀组还是一般组,避免造成先入为主的误差。访谈者在访谈时应尽量让访谈对象用自己的话详尽地描述他们成功或失败的工作经历,他们是如何做的、感想又如何等。每个访谈者的访谈时间应控制在 1 小时左右,访谈过程全程录音。在对一个完整的行为事件进行描述时,通常借助关键事件法的 STAR 工具进行,如表 4-9 所示。

表 4-9　关键事件访谈法的 STAR 工具

情景方面(S) 任务方面(T)	行为方面(A)	结果方面(R)
请描述一种情境,当……	你对当时的情况有什么反应?采取了什么具体行动?	事件的结果如何?
周围的情形怎样?	请描述你在整个事件中承担的角色。	结果又是如何发生的?
你为什么要这样做?处于怎样的背景?	你当时首先做了什么?在处理整个事件的过程中,都采取了什么行动步骤?	这一事件引发了什么问题或后果?你得到了什么样的反馈?

⑤ 信息归类编码,初步形成胜任力模型框架。由专门人员将访谈录音整理成文字,由核查者对照录音,核查文本,校核后给每个录音文本编号,并打印文本,最终产生候选人胜任力特征的原始数据。接下来由编码一致性较高的 2 名或多名编码分析员组成正式编码小组,阅读所有录音文本,对文本中的关键事件进行独立的主题分析,分析主要概念和思想,提炼出基本主题。之后根据胜任力建模中形成的《胜任力编码词典》,辨别、区分各个事件中出

现的胜任特征的行为指标，进行正式归类和编码。编码时记录胜任力特征在文本中出现的位置，包括编号、胜任力特征代码与强度等级。初次编码后再次阅读文本，核查每个归类编码，寻找支持某一归类编码的所有现存证据，判断归类和编码是否相互交叉或包含。最后由编码核查人员对编码的准确性进行确认，具体格式如表4-10所示。

表4-10　访谈录音文本编码

文本编号：_____　　录音时间：_____

正文

关键事件	主题分析	胜任力特征
当时气氛非常紧张，充满了火药味，但我面对挑衅还是克制住了自己，微笑着跟他说……	面对压力，控制情绪	自我控制A5
我的一个下属，他非常好学，但是语言表达能力较差，现在公司的许多关键岗位都要进行竞聘演讲，我有点担心他……	发现下属存在的问题，表现出期望与关注	理解他人A3 培养他人A2
我很高兴可以处理这件事，我有信心可以处理这个问题，做通盘的整理，我可以做出一流的成绩单。	对自己的能力和判断力有信心	自信A5

录音文本整理人员签名：_____　　时间：____年____月____日

录音文本核查人员签名：_____　　时间：____年____月____日

编码人员签名：_____　　时间：____年____月____日

编码核查人员签名：_____　　时间：____年____月____日

⑥ 验证胜任力模型。验证胜任力模型可以采用回归法或其他相关的验证方法，采用已有的优秀与一般的有关标准或数据进行检验，关键在于企业选取什么样的绩效标准来做验证。

3. 胜任力模型在招聘选拔中的实际应用

基于胜任力模型的招聘，是考官依据基于目标岗位对胜任力的各种要求而事先设计的招聘标准来主持招聘选拔工作，重在从候选人的身上收集与优秀绩效相关的信息并靠评估候选人是否具备目标岗位所要求的胜任力水平来做决策。相对于传统的招聘选拔，基于胜任力模型的招聘具有三个重要特征：一是标准。胜任力模型是一组绩效优秀者应该具备的胜任力特征，是招聘的依据和标准（该标准源自于实际工作行为与工作绩效，可以最大限度地消除假想和虚幻的成分）。二是行为。胜任力模型建立的标准，来自于客观的员工工作行为，并在招聘中又通过员工客观的行为来体现，前后具有一致性。三是量化。胜任力模型通过行为锚定量表法对行为进行量化，具有很强的操作性和可控性。

为了更好地说明胜任力模型在招聘中的应用，我们以某寿险公司个人业务客户经理胜任力举例说明。某寿险公司个人业务客户经理胜任力模型,如表 4-11 所示。

表 4-11 某寿险公司个人业务客户经理胜任力模型

胜任特征	胜任力特征的二阶因素
专业知识	有关保险业务专业知识
客户导向	具有帮助客户和为客户服务的愿望及行动,努力发现并采取行动满足客户需要
把握信息	收集客户信息、分析信息、判断信息
参谋顾问	挖掘需求、提供解决方案、开展个性化服务、为客户出谋划策
关系管理	了解客户个人情况、影响客户决策、建立并维护客户关系
自我激励	工作激情、情绪控制、真诚守信、有求知欲、超越客户预期
拓展演示	选择目标客户、建立可信度、打动客户、展示产品和服务的比较优势、商业演示技能
协调沟通	讲解说明、内部协调、外部沟通、谈判技巧

假定各级评价指标的总分记为 100,则各个评价指标的分级标准,如表 4-12 所示。

表 4-12 某寿险公司个人业务客户经理胜任力特征等级

胜任特征	评价等级				
	A5	A4	A3	A2	A1
专业知识	100~80	80~60	60~40	40~20	20~0
客户导向	100~80	80~60	60~40	40~20	20~0
把握信息	100~80	80~60	60~40	40~20	20~0
参谋顾问	100~80	80~60	60~40	40~20	20~0
关系管理	100~80	80~60	60~40	40~20	20~0
自我激励	100~80	80~60	60~40	40~20	20~0
拓展演示	100~80	80~60	60~40	40~20	20~0
协调沟通	100~80	80~60	60~40	40~20	20~0

各评价等级的行为锚定量,如表 4-13 所示。

表 4-13 客户导向胜任力特征等级

等级	行为参照效标
A1	对客户的询问、要求和抱怨做出答复
A2	主动为客户提供有用的资料和信息,保持友好热情的服务态度
A3	能够主动承担责任,对客户的问题和投诉做出快速反应
A4	了解客户现实的、潜在的需求,提供与之相应的产品与服务
A5	关注客户潜在需求,予以专业谋划

假定某寿险公司个人业务客户经理胜任力特征权重及胜任特征等级根据本企业的发展战略及岗位胜任要求，经过德菲法和层次分析法计算获得结果，如表 4-14 所示。

表 4-14　某寿险公司个人业务客户经理胜任力特征权重及评价等级

胜任特征	专业知识	客户导向	把握信息	参谋顾问	关系管理	自我激励	拓展演示	协调沟通
权重	6%	18%	12%	10%	18%	10%	8%	18%
评价等级	80	85	75	70	90	85	65	80

因测评工具自身的特点及相应操作成本等方面的限制，一种测评工具不可能适用于所有素质要项的测评，不同素质要项须对应不同的测评工具。所以选择有效测评工具并进一步确定它们在每种测评方法中所占的权重，是实现有效招聘的重要前提。但是无论采取何种测评工具，都可以采取与胜任力模型的构建互递的方式，根据原先从关键行为事件到胜任特征的思路找到原来的关键事件，将关键行为事件作为情景模拟设计的蓝本，在此基础上进行组合修订，设计出所有应聘者都能理解的工作情境，并根据行为事件访谈中被访者提到的有效行为和成功问题解决策略，设计情景模拟的观察要素。如对"个人业务客户经理"一职来说，需要通过纸笔测试、心理测试、结构化面试以及无领导小组讨论四种方法相结合进行测评，各种测评方法与所占权重，如表 4-15 所示。

表 4-15　素质要项测评方法确定

胜任特征	人才测评方法及所占的权重			
	纸笔测试	心理测试	结构化面试	无领导小组讨论
专业知识	40%	—	60%	—
客户导向	—	20%	30%	50%
把握信息	—	—	50%	50%
参谋顾问	—	40%	30%	30%
关系管理	—	20%	30%	50%
自我激励	—	40%	30%	30%
拓展演示	—	—	40%	60%
协调沟通	—	20%	30%	50%

假定有 3 位候选人，6 位考官在采用相应测评工具并考虑相应权重的基础上，得出 3 位候选人在各胜任力素质要项上的评价结果，如表 4-16 所示。

表 4 - 16　3 位候选人胜任力特征权重、评价等级及得分情况

胜任特征	权重	胜任等级	A 的得分	B 的得分	C 的得分
专业知识	6%	80	84	83	90
客户导向	18%	85	85	90	80*
把握信息	12%	75	80	77	95
参谋顾问	10%	70	55*	75	60*
关系管理	18%	90	65*	90	95
自我激励	10%	85	90	85	90
拓展演示	8%	65	85	75	90
协调沟通	18%	80	90	85	80

注：带*的数值表示其得分少于胜任等级。

　　每位候选人的最后得分用 X 来表示，胜任特征的数量用 j 表示，其所占的权重用 f 来表示，则各项胜任特征的加权求和用公式表示如下。

$$X = \overline{X_1}f_1 + \overline{X_2}f_2 + \overline{X_3}f_3 + \overline{X_4}f_4 + \overline{X_5}f_5 + \overline{X_6}f_6 + \overline{X_7}f_7 + \overline{X_8}f_8 = \sum_{i=1}^{8} \overline{X_i}f_j$$

　　运用上述公式，我们可以计算出 3 位候选人胜任力的总分值：其中 A 的胜任分值为 79.14；B 的胜任分值为 83.92；C 的胜任分值为 84.90。从结果我们可以看出：A 的胜任力为良好；B 和 C 的胜任力为优秀。B 和 C 的总分相差很小，如果是传统面试方法，就容易造成难以抉择的局面。

　　我们将报告中每一位应聘者的数据输入计算机，在 excel 中生成每一位应聘者的测试结果雷达图，利用雷达图上候选人的胜任力特征与岗位胜任等级进行拟合，直观地呈现出每一位应聘者的胜任水平，如图 4 - 3、图 4 - 4、图 4 - 5 所示。

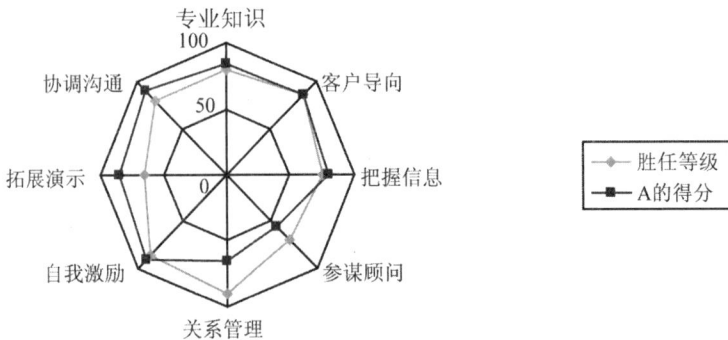

图 4 - 3　A 的得分与胜任等级比较

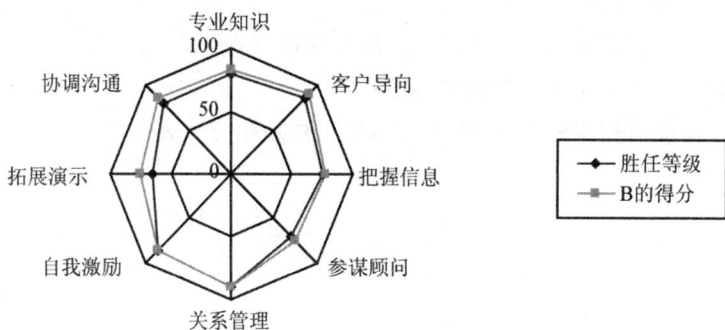

图 4 - 4 B 的得分与胜任等级比较

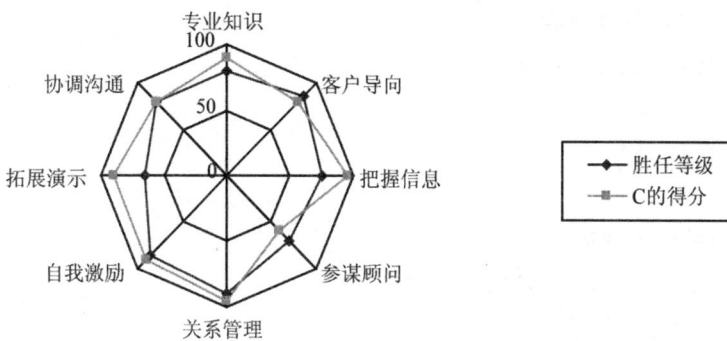

图 4 - 5 C 的得分与胜任等级比较

通过上述雷达图我们可以清楚地看到以下几点。A 和 C 的胜任特征与胜任标准的拟合程度在个体间的差异非常明显。两人都有明显的优点，也都有明显的缺点，存在没有完全符合胜任水平所描绘的下限。如 A 在拓展演示与协调沟通两方面是非常优秀的，但是在参谋顾问，与关系管理两方面存在劣势。参谋顾问与关系管理是鉴别类胜任力特征，在短期内较难改变。C 的总体胜任力水平最高，如果按照最后分值来看，C 应该成为最终候选人。C 在专业知识、把握信息、关系管理和拓展演示方面均有优异的表现，但参谋顾问和客户导向两项是其"短板"，录用他，容易造成日后工作中的"木桶效应"，故不能录取。B 的总体评价得分不是最高，但其胜任力水平与胜任力标准的拟合程度明显高于 A 和 C，所以，B 为最佳候选人。

资料来源：张庆.基于胜任力的人力资源招聘选拔.工业技术经济,2009(9)

【实训步骤】

1. 材料阅读。

2. 分析案例,分组讨论。

3. 作业展示:

■ 各小组应按要求的形式展示本次作业成果;

- 作业成果应简洁清晰；
- 作业成果中应包含本次实训要求展示的各项内容；
- 作业成果中应突显本次实训的重难点；
- 作业成果不能有错误内容（否则按实际情况扣除相应分数）。

4. 教师点评。

5. 成绩评定。

【实训报告】

1. 什么是胜任力？

2. 胜任力模型的构建流程。

3. 常见的职业的胜任力特征。

【实训成绩评定标准】

一、实训成绩评定依据

1. 实训报告的准确、完整程度。

2. 参与实训的态度和纪律。

二、成绩评定等级与标准

A：报告准确完整，态度端正；

B：报告较准确完整，态度较端正；

C：报告基本准确完整，态度基本端正；

D：报告尚准确完整，态度尚端正；

E：报告不准确完整，态度不端正。

实训项目 5：基于胜任力的职位说明书编写

【实训目的】

传统的职位分析比较注重工作的构成要素，是一种职位导向的分析方法。随着信息技术的发展和组织变革的不断进行，传统的职位分析已经不能在动态的人力资源管理环境中发挥中心和基础的作用。这样，如何使职位分析更加适应工作环境的变化，是近年来学者和管理者共同关心的重要问题。职位分析的重大进展主要在于以胜任力为基础的职位分析的提出和应用。基于胜任力的职位分析是以胜任力为基本框架，通过对优秀员工的关键特征和组织环境与组织变量两个方面分析来确定岗位胜任要求的组织的核心能力，是一种人员导向的职位分析方法，具有更强的工作绩效预测性。本实训项目旨在使学生熟悉并掌握基于胜任力的职位说明书的概念，对具体编制过程中将要遇到的问题及应该注意的事项有初步的了解，学会撰写基于胜任力的职位说明书。

【实训场地】

开放式实训室

【实训准备】

一、知识储备

- 掌握胜任力的概念；
- 熟悉并掌握基于胜任力的职位说明书编写的相关知识。

二、能力要求

- 各小组成员课前应充分利用各种资源，通过各种方式掌握学习内容；
- 各小组成员通过协作完成实训任务，按要求的形式（Word/PPT 等）展示作业；
- 各小组展示作业的代表同学语言表述应流利清楚，在展示中突出本次实训的重难点；
- 各小组展示作业后的提问过程中要求各个成员都能积极参与回答同学的提问，而不是集中于某个或某几个同学；

■ 课后各小组对课堂内容及本次作业进行总结、修改,争取下次做得更好。

【实训资料】

客户服务员职务分析样例,如表5-1所示。

表5-1 客户服务员职务分析

工作名称:客户服务员
年龄范围:20~35岁
性别要求:不限
学历要求:大专及以上
工作经验:具有1年以上电信业务的从业经验

体能要求:
　　视力良好,听力正常
　　语言表达流畅、条理清晰、普通话标准、无不良表达习惯
　　手指灵活
　　体力充沛、体态稳健
　　无严重的疾病和传染病

知识与技能:
　　掌握计算机和因特网的原理,对电信业务知识有一定的了解
　　能熟练操作、使用计算机,熟悉办公自动化软件
　　良好的人际沟通能力
　　较强的学习能力
　　独立工作和解决问题的能力

深层人格特性:
　　具有积极的客户服务意识
　　良好的主动性和工作责任心
　　具有较强的灵活性与亲和力
　　喜欢微笑
　　情绪稳定
　　自信但不夸耀
　　乐于协作
　　有创造性
　　追求成就动机和关系动机

【实训步骤】

1. 材料阅读。

2. 熟悉并掌握基于胜任力的职位说明书的编写格式和内容要求。

3. 分组讨论。

4. 基于胜任力的职位说明书的编写。

5. 教师点评。

6. 成绩评定。

【实训报告】

实训结果以实际编写的工作说明书为依据，提交实训报告。

【实训成绩评定标准】

A：能够熟练编写工作说明书，内容准确完整，文字规范；

B：能够熟练编写工作说明书，内容基本准确完整，文字较规范；

C：能够较较熟练编写工作说明书，内容准确完整，文字规范；

D：能够较熟练编写工作说明书，内容基本准确完整，文字较规范；

E：能够较熟练编写工作说明书，内容不够准确完整，文字不够规范。

实训项目6：面试的组织与实施

【实训目的】

面试是一种要求应试者用口头语言来回答主试提问，以便了解应试者心理素质和潜在能力的测评方法。它是企业招聘中常用的一种方法，也是争议最多的一种方法。在实践中，许多人以为面试就是面对面的交谈，在这样一种指导思想下，面试就是一种人人皆会的交谈，也就没什么技术可言，顶多就是口才好的人做面试可能会好些而已。其实，只要我们再问一句"面试中交谈的目的是什么"，你就会发现，面试的目的是考察应试者是否具备了任职所需的素质，而不是为交谈而交谈，这也是面试与通常所说的交谈之间的根本区别。面试是通过考官与应试者双方面对面的信息沟通，考察应试者是否具备与职位相关的能力和个性品质的一种人事测评手段。根据这样一种定义，面试其实是一项很复杂的交谈活动。从考官的角度来说，要想考察应试者是否具备相关的素质和条件，他们不仅需要精心设计面试试题，而且还需要在面试过程中对应试者进行观察、提问和倾听。

【实训场地】

开放式实训室

【实训准备】

一、知识储备

- 掌握面试及相关术语基本范畴；
- 理解面试的作用及特点；
- 掌握面试的种类；
- 了解面试的内容；
- 面试问题的形式；
- 面试的组织与实施流程。

二、能力要求

- 各小组成员课前应充分利用各种资源，通过各种方式掌握学习内容；
- 各小组成员通过协作完成实训任务，按要求的形式（Word/PPT 等）展示作业；
- 各小组展示作业的代表同学语言表述应流利清楚，在展示中突出本次实训的重难点；
- 各小组展示作业后的提问过程中要求各个成员都能积极参与回答同学的提问，而不是集中于某个或某几个同学；
- 课后各小组应对课堂内容及本次作业进行总结、修改，争取下次做得更好。

【实训资料】

材料一：

宝洁的招聘面试

宝洁的招聘面试分两轮。第一轮为初试，一位面试考官对一个应试者面试，一般都用中文进行。面试考官通常是有一定经验并受过专门面试技能培训的公司部门高级管理人员。一般这个面试考官是应试者所报部门的经理，面试时间一般为 30～45 分钟。

通过第一轮面试的应试者，宝洁公司将出资请他们来广州宝洁公司总部参加第二轮面试，也是最后一轮面试。面试大约需要 60 分钟，面试考官至少有 3 人。为确保招聘到的人才真正是用人单位（部门）所需要的，复试考官都是由各部门高级管理人员来亲自面试。面试常由 8 个核心问题组成：

第一，请你举一个具体的例子，说明你是如何设定一个目标然后实现它的。

第二，请举例说明你在一项团队活动中如何发挥主动性，并且起到领导者的作用，最终获得你所希望的结果。

第三，请你描述一种情形，在这种情形中你必须去寻找相关的信息，发现关键的问题并且自己决定依照一些步骤来获得你所期望的结果。

第四，请你举一个例子，说明你是怎样通过事实来履行你对他人的承诺的。

第五，请你举一个例子，说明在完成一项重要任务时，你是怎样和他人进行有效合作的。

第六，请你举一个例子，说明你的一个有创意的建议曾经对一项计划的成功起到了重要的作用。

第七，请你举一个具体的例子，说明你是怎样对你所处的环境进行一个评估，并且能将注意力集中于最重要的事情上以便获得你所期望的结果。

第八，请你举一个具体的例子，说明你是怎样学习一门技术以及怎样将它用于实际工作中的。

根据以上几个问题，面试时每一位面试考官当场在各自的"面试评估表"上打分。打分分为三等：1～2 分（能力不足，不符合职位要求；缺乏技巧、能力及知识），3～5 分（普通至超乎一般水准；符合职位要求；技巧、能力及知识水平良好），6～8 分（杰出应聘者，超乎职位要求;技巧、能力及知识水平出众)。

具体评分项目包括说服力/毅力评分、组织/计划能力评分、团队合作能力评分等。在"面试评估表"的最后一页有一项"是否推荐栏",有 3 个结论供面试考官选择:拒绝、待选、接纳。在宝洁公司的招聘体制下,聘用一个人,须经所有面试考官一致通过。若是几位面试考官一起面试应试者,在集体讨论之后,最后的评估多采取一票否决制。任何一位面试考官选择了"拒绝",该考生都将从面试程序中被淘汰。

资料来源:http://wk.baidu.com/view/b1509fa3f524ccbff121844b#1

材料二:

某公司招聘市场营销人员的面试

某公司招聘市场营销人员,以下是公司对其中一位应试者的面试过程。

面试时间安排:30 分钟。

主考官(以下简称问):你好,请坐。

应试者(以下简称答):你好,谢谢。

问:投递简历有多久了?

答:大约两天。

问:对我们公司了解吗(了解应试者应聘意愿)?

答:时间比较短,没太多了解(两天时间短吗?向朋友了解、网络查询、实地考察……怎么可以这样回答呢?不了解就是不了解,何必找借口,而且,好像主动性不佳啊)。

问:目前在的这家公司,你的职责是什么(了解相关工作经历)?

答:从 2 月 1 日至今(1 个月有余),主要是做专案策划、营销方面的工作(说得很大气嘛,怎么会在这么短的时间内就做专案)。大约花了 10 天时间在公司学习和了解公司业务,之后,就到地区做市场了。

问:这是一家很有实力的公司,你是通过什么方式得到招聘信息的?和你一起进去的有多少人(是正规渠道进入的吗?是运气还是实力)?

答:当时是他们(他们?好像还没有转变观念,开始对你的团队精神产生怀疑啦)在公开发布招聘信息,我就去应聘,当时一共录用了 120 人,仅我一人是应届毕业生(哦,突然开始笑啦,这样的表情在暗示你很自豪?话说回来,也很正常啦,值得自豪啊)。

问:当时为什么要选择这个企业?又为什么现在要离开(看看你在追求什么)?

答:我选择企业看中两点:品牌好,待遇好(这样的企业当然是人才容易趋之若鹜)。他们具备这样的条件,所以我去了。离开是因为:感觉越来越迷茫,无法调整自己的心态(是啊,人才济济,容易被忽视的)。他们的培训确实做得很好,但是我发现,人际环境不好。周围的人好像不理解我,我问他们一些问题,或者得到什么指导总是很困难,觉得受不到重视(拜托!别人一定有时间、精力、义务来指导你吗?再说,言传身教不比言语指导更有效?在这样的环境已经不错了,怎么不会学习呢?刚进去的一个毕业生,还没有为企业做出什么贡献,也没证明自己的实力,别人为什么要重视你呢?不要总强调自己得到什么,要学会换位思考,先看：你,能给出什么)。

问：父母谁对你的影响比较大？在成长的过程中,和他之间有哪件事情让你至今印象深刻(从与父母的关系了解个人的行为风格和责任意识)？

答：父亲。他没有能够读到大学,所以对我的学业特别重视。家里经济条件不好,几次差点儿休学,母亲也同意休学(隐含有对母亲的不满,从心理学角度考虑,个性发展往往不健全),最后都因为父亲的坚持才能够继续学业(终于保住了求学机会)。印象比较深刻的一件事是在八几年的时候,当时生活还很艰苦的情况下,父亲给我买了一盏台灯(别人的给予,而不是互动)。

问：你目前的目标或理想是什么(善于思考吗？有合理的、可执行的目标吗)？

答：我也一直在思考这个问题。初步的打算是在大的公司做两三年,然后成立自己的工作室,做一些代理,逐步树立自己的品牌(比较有抱负,但理想化色彩较重)。

问：好,谢谢你的配合。我们会在今天下午通知你是否需要参加复试。

答：好,谢谢。再见(把椅子挪向一边,未归位,离开)。

面试的综合评价：

1. 追求成功,积极热情,有股闯劲儿；

2. 个性欠成熟,单向思维,浮躁,缺乏耐心,关注短期利益和信息反馈；

3. 逻辑思维能力一般,表述缺乏系统性；

4. 乐群,但自我中心色彩较重,换位思考能力有限,人际沟通及协作能力较弱；

5. 整体定位：机会主义＋目标主义；

6. 建议目标岗位：公关接待人员、零售经理、新闻媒体类、社会工作者,旅游公司经理、融资人员、保险代理/经纪人。

资料来源：赵琛徽,员工素质测评.深圳.海天出版社,2003

材料三：

MJ 公司的招聘面试

星期一一大早,在上海 MJ 公司中国总部的一间办公室里,负责人力资源管理的副总经理马克·陈正考虑着一会儿要进行的招聘高级研究人员的一些事项。他的办公桌上放着三个人的材料,包括个人简历、相关证书以及一些素质测评的结论。这三个人是从 107 位应聘者中选拔出来的,每个人都有其独到之处。

A,男性,29 岁,应届博士生,毕业于名牌大学。其毕业论文中关于"氟化玻璃的硬度与纯度"研究与公司下一步的技术开发方向十分吻合。去年 A 曾到 MJ 公司在中国的有力对手 BK 公司的一个实训室里实习过一个月。马克派人了解过他的情况,那个实训室的人高度评价了 A 在专业方面的悟性和工作能力,但对他的骄傲自大颇有微词。"有才华的人总免不了有些骄傲的。"马克心想。

B,女性,35 岁,硕士。目前的身份是一家省级科学院的副研究员,在新型材料的市场调研和应用研究方面是专家。想进 MJ 公司就职主要为解决夫妻两地分居的问题。

C,男性,33 岁,硕士,自由职业者,有着关于氟化玻璃的两项专利。

MJ 公司是一家化工类的大型跨国公司。其在中国的分公司的主要业务之一就是新型材料的研制与开发。MJ 公司推崇"求稳求实,团结协作,持续创新"的企业精神,要求员工信奉"公司至上、团队至上"的文化理念。这一年来,MJ 公司在技术开发和市场开发两方面都受到了竞争对手的有力挑战,所以他们急需高层次的人才。这也是马克·陈亲自主持这次面试的原因之一。从目前的情况来看,马克对三人的简历和专业情况都很满意,已经做过的几个测评项目对他们的仪表、智力、反应能力、语言和文字表达能力及解决问题的能力等也有着不错的结论。今天,马克打算着重对他们在组织责任感、团队协作、敬业精神以及克服困难的情况方面作一番探究,希望他们能符合公司文化的要求。如果顺利,马克愿意将三人都留下。

10 分钟后,马克和其他四位专家一起开始了对 A、B、C 三人的面试交谈。谈话中,除一些话题与个人情况密切相关外,有几项重要的提问对三人是相同的,但得到的回答却大相径庭。现在,面试结束了,马克面对着几项对相同问题不同的回答记录,陷入了沉思。

面试主要内容记录如下:

问:为什么要做氟化玻璃这个项目?

答:

A:导师帮助定的,定了我就做。其实换个题目我一样能做好,我有这个信心。

B:这是当前和今后几年里市场上的热点项目,技术上处在领先地位,获利将很高。

C:我做是因为我喜欢,我喜欢研究那些透明的晶体。目前我们国家的技术与国外相比还是不行,你注意了吗? 国产的氟化玻璃总是有杂质,肉眼看去就很明显。

问:能否比较一下本公司与你以前工作过的单位?

答:

A:没法比,我实习过的那家公司糟透了,无论人员素质还是技术水平都太落后,我的才能只有在 MJ 这样的大公司里才能发挥出来。

B:差不多,贵公司的技术条件与我们研究所差不多,资金实力甚至还要雄厚一些。

C:没法比较,我没有属于过哪家公司。但贵公司可以提供给我继续工作的资金和场所仪器,所以我们还应该就待遇问题进一步谈谈。

问:你觉得愿意和什么样的人相处?

答:

A:什么样的都行,或者反过来,什么样的都不行。说实话,我不认为与什么人相处能对我的工作有所帮助,因为别人不可能帮得了我。我的工作主要靠我自己的努力。

B:我希望与不太自私的人共事,因为这样大家才能协作得好,也有利于组织目标的实现。越是大公司越应注意到这一点。但不必担心,就我个人来说,一般情况下都能和大家合作好的。

C:我……说实话,与别人共事时不是经常能够融洽的。我希望与我共事的人能以工作为重,否则我会很气愤,这会影响工作的。

问：能否评价一下你现在（或者前期）的领导，你与领导的关系怎样？

答：

A：我的领导就是我的导师，是个糟老头，又小气又刚愎自用，但是他对我不错。不过我很看不上他所做的那些事。

B：我的领导就是我们室主任，我们相处得很好，虽然我们的性格差异很大。他是个原则性极强、严谨得一丝不苟的人，但有时又显得迂腐。

C：当年，我是因为与我们主任闹翻才辞职单干的。现在看来，原因不在那位领导，而是体制的问题。在那种体制下，我只有单干才能不受约束地搞我的研究。但今天我发现，只靠我一个人的力量是很难继续研究下去的。我想，我会注意有意识地去搞好人际关系的。

问：如果你的研究项目失败，你会怎样？

答：

A：再换一个就是。我说过，不管做什么我都会成功的。

B：多找一找原因，从技术上、市场上、材料、仪器等，还需要研究有无做下去的必要。如果有前景、有市场，当然应该继续做下去。

C：我研究过了，这个项目的前景非常好。我会不遗余力地做下去，我不怕失败、不怕困难。

问题：

1. 请你为这次招聘写一份总结报告，在招聘程序、甄选方法方面对有关情况做出客观分析。

2. 如果仅凭以上面试并由你来拍板，你会录用A、B、C中的谁？为什么？

3. 如果三人中必须放弃一个人，你会放弃哪一个？为什么？

分析解答：

1. 大多数跨国企业在招聘高级研究人员时，基本上会通过以下三个程序来进行。

（1）先初步面试。初步面试通常由公司的人力资源部主管主持进行，通过双向沟通，使公司方面获得有关应聘者学业成绩、相关培训、相关工作经历、兴趣偏好及对有关职责的期望等直观信息。同时，也使应聘者对公司目前的情况及公司对应聘者的未来期望有个大致了解。面试结束后，人力资源部要对每位应聘者进行评价，以确定下一轮复试者的名单。

具体操作：

① 就应聘者的外表、明显的兴趣、经验、合理的期望、职务能力、所受教育、是否马上能胜任、过去雇佣的稳定性等指标从低（1分）到高（10分）打分；

② 就职务应考虑的优缺点（如对以前职务的态度、对生涯或职业的期望等）做具体评议，应聘者提供的书面材料也供评价参考。

（2）其次，进行标准化心理测试。由公司外聘的或者本公司自己所属的心理学者主持进行。通过测试进一步了解应聘者的基本能力素质和个性特征，包括其基本智力、认识思维方式、内在驱动力等,也包括其在学术方面研究的先进意识、优势技能技巧。

（3）最后进行"模拟测验"。这是决定应聘者是否入选的关键。其具体做法是,应聘者以小组为单位,根据工作中常碰到的问题,由小组成员轮流担任不同角色以测试处理实际问题的能力。整个过程由专家和公司内部的高级主管组成专家小组来监督进行,一般历时两天左右,最后对每一个应试者做出综合评价,提出录用意见。"模拟测验"的最大特点是应聘者的IQ和EQ都能集中表现出来,它能客观反映应聘者的综合能力,使企业本身避免在选择高级人才时"感情用事"。

而上述的MJ公司,在招聘程序上也自有其道理,由人力资源部门的管理者来面试,是一项重要的事项。但是我觉得在马克和其他四位专家一起开始对A、B、C三人的面试交谈之前应该做个标准化的心理测试。心理测试是现代人员测评过程中的一种非常重要的技术。它实质上是对行为样本组的客观化和标准化的测量。它是通过观察人的少数有代表性的行为,依据确定的原则,对贯穿于人的行为活动中的心理特征,进行推论和数量化的一种科学手段。同时,心理测试可以反映应聘者的能力特征,预测其发展潜能,也可以测定求职者的人格品质及职业兴趣等。这对于在研究领域中所需要的研究人才的综合能力素质是个很好的测量平台,也能让公司在非透彻化了解的状态下对应聘者有一种实质性和技术性的掌握。

而在面试中提出的问题也是很有讲究的。以上问题个人认为都比较符合HR的现场招聘原则中的：① 态度原则；② 善于总结原则；③ 潜力原则；④ 能否与公司共成长原则等。以上四个原则在下文阐述的理由中有详解。

2.答：如果仅凭以上的面试并由我拍板,我会择优录用B。

原因是：

（1）在材料中体现：

B,女性,35岁,目前的身份是一家省级科学院的副研究员,在新型材料的市场调研和应用研究方面是专家。年龄和资历都说明了B的行业资历是充分的,具有丰富的实践经验。这是一项MJ公司耗费大量资金也难以培养的一项优势。通常HR还会考虑一个问题：在性别上,婚姻状况中,B的年龄是超过已婚生育妇女的生活阶段了,这就不担心上岗后会因为结婚问题和生育问题而请假,这也是个稳定的状态。而A,29岁,虽然具有此专业方面较高的悟性和工作能力,但是三十都不到的他是绝对不具备着此行业的年资的。无论是研究性的行业还是其他任何的行业,想要在这个领域发展,我们要的是行业路途而不是专业优势。而C是自由职业者,有着关于氟化玻璃的两项专利,但是从行业角度上看,高级研究人员是项稳定性极强的工作,C在来MJ公司面试之前就是个自由职业者,可以看出C是属于我行我素性格的人员,并且还在资历问题上有个折扣。为此,可从年资这个角度上给B加分。

（2）在面试交谈的第一个问题"为什么要做氟化玻璃这个项目"中：

A的回答是因为导师定了,他就做了,是完全限制思维的,没有主见性,然而在研究领域中需要创造性思维,具有很大的弹性,按部就班的人是不适合研究领域的。C的回答"因为我喜欢"，好一个"我喜欢"，这就再次验证了我在第一点理由中所列出的我行我素的个性，这点在性格层面上很分明。不管是研究工作、销售工作还是制作工作，讲究的都是一种团队、集体的理念，很多事情并不是你想做就做，不喜欢就摒弃的。A和C的回答都不符合MJ公司的"求稳求实，团结协作，持续创新"的企业精神和"公司至上、团队至上"的文化理念。再来看看B的回答，让人觉得她是经过识别机会和风险，并采取了行动把握先机的。所以，HR在招聘时会很注重经验问题，因为有经验的人，往往在判断上更准确，知道机会在什么地方，可能会遇到什么风险，以及该怎么防患于未然。为此，在这个回答上我在心里又给B加分了。

（3）在面试的第二个问题"能否比较一下本公司与你以前工作过的单位"中：

A的回答会让有素质的HR大跌眼镜，在任何一家公司中都无形的在奉行着一个潜规则"不要在新东家面前给出前东家的坏评"，因为说不定哪天，现在录取你的公司就是你嘴巴里的下一位坏东家了。C的回答很直接，开口就谈待遇问题，这是每个公司最不待见的理念。没有付出哪有回报，你没有给我你的职业规划、职业理想，我如何给你你应得的报酬？再看看B的回答，显而易见的在稳定了前公司的台阶的同时又不着痕迹地赞扬了现在的目标公司，这是一个为人处世稳重和成熟的人，在EQ上给B再次加分。

（4）在面试的第三、四个问题"你觉得愿意和什么样的人相处"以及"能否评价一下你现在（或者前期）的领导，你与领导的关系怎样"中：

A的回答完全印证了在材料中所显示的实训室的人对A骄傲自大的性格评价。如果马克做了心理测试就会知道，一个骄傲自大的人心理承受能力必然会比一个心态平衡的人低。如果遇到问题，就容易判断错误，这样一来出发点就错了，没有了正确的方向，再努力也是白费的。并且这样的性格容易走极端，是完全不可取的。C的回答说明了他的责任心是很强的，这点很好，以工作为重，这是每个公司都很喜欢的，但是喜欢不代表欣赏。在后面紧接着的"否则我会很气愤，这会影响工作的"，从心理学角度上说，这是一个人的自我意识表现得很严重，喜欢以自我为中心，这不利于团队的协作。当然C也有搞好人际关系的意识，这点也很可贵，但是C有意识地要从一个人的影响力和驱动力之间做选择。而B的回答就很得体，心理学上表示，对人际敏感的人有一定的辅导他人的能力。这就表示聘用了B有利于团队的协作，符合公司的文化理念。此外，依据HR招聘原则中的"最佳匹配原则"，可以知道最佳匹配的目标是实现企业的核心文化、遵守成文不成文的规定以及使企业的奋斗目标与员工的性格和喜好相吻合。大多数的工作环境是微妙的，难以言明的。如果新员工的性格和公司的文化相匹配，他们就能够很快融入公司，并发挥出自己的作用，无须和某些可能他们自己都说不上来的、因不匹配带来的不适做斗争。

（5）在面试的最后一个问题"如果你的研究项目失败，你会怎样"中：

A的回答是对自己也是对公司的一种高估，是不负责任的表现。一项研究是要投资人力、财力、时间等成本的，没有那么随意的"再换一个"之说，不会从自己身上找错误，只会转移目标，是没有真材实料的。而C的回答，让人不由得佩服他的毅力，但是并不是什么事情都是遵循自己的看法就是完美的，撞到南墙的时候转转头，说不定会发现另一片天，做人做事要学会转弯,不要蛮力干。再看看 B 的回答,很令 HR 欣慰,一位会从自己身上找错误的人,是个可以承担责任的人。这符合 HR 的招聘原则——善于总结,具有能吸取教训、善于总结这方面的能力,也侧面反映了面对和解决困难的能力。能总结失败并举一反三的应聘者,进步往往神速。公司需要这样的人才,更需要能敏锐发现问题,提出解决方案的人。在此再次为 B 加分。

综上所述,我认为我会从与 MJ 公司的文化理念的符合度和与公司的匹配度以及应聘者的自身角度出发,择优录用 B。

3. 如需放弃一个人,我会毫不犹豫地选择放弃 A。

因为从"潜力原则"上说,选择合适的而不是最好的员工是很多公司招聘员工的宗旨。这里"合适的员工"是指员工是否能融入企业文化、价值观,能否和企业实现共赢。"不选择最好的员工"是指在合适的基础上要给岗位的胜任度预留一定的空间:既能较大程度满足岗位能力需求,又能具备一定的提升空间。在考察其岗位技能和兴趣、爱好等方面之后,权衡他的优势及欠缺的地方,分析轻重再挑选。舍弃轻的、不影响基本的岗位要求的部分,抓住重要的优势,做到"永远有差距,永远有追求"。通过这样的原则来减少人才流失,加强员工的稳定性。

而从"能否与公司共成长的原则"的角度上说,公司的成长如同一个人的事业历程一样,任何一个公司在发展的过程中都会遇到过坦途和低谷,更大更美好的目标需要全公司人员齐心协力的奋斗。对比只想沾公司的光发展自己的人,绝大多数企业会选择有意愿加入公司并愿意与公司共成长的合适人才。

最后,引用戴尔公司的一句话:我们并不是把你带进公司做一份差事,而是邀请你一起参与公司的成长。

资料来源:http://wk.baidu.com/view/1f62ca896529647d27285269#1

材料四:

智海人才咨询公司招聘面试评价报告

某公司的面试报告如表 6-1 所示,用于×××旅行社的人员招聘,请注意妥善保存,未经授权及本人同意不得对外泄露应聘者的个人信息。

表 6-1 某公司的面试评价报告

委托单位:×××旅行社		应聘职位:前台接待	
应聘者个人基本情况			
姓名:李某	出生年月:1984.7	最后学历:大学专科	毕业学校:××大学
所学专业:涉外秘书		所获证书及奖项:(略)	
基于胜任力的面试评价说明			

续　表

胜任力要求	评分(1～5)	权重	得分	说明	总分
礼仪风度	4	15%	0.6	从坐姿看出该应聘者没有经过规范的礼仪训练。但其他表现尚可，举止大方，语速适中。	
情绪稳定	4	20%	0.8	对于直言本岗位困难性的提问反应平静自然，整场面试过程中能保持良好的情绪稳定性，但通过其对过去挫折经历的描述表明应聘者内在的情绪稳定性方面还有待加强。	
人际关系	3.2	10%	0.32	通过其对大学同学人际交往的描述可以看出应聘者待人热情坦率，人缘颇佳，但在处理人际关系的方式上存在太过坦率的问题，容易在交往中遇到困窘。	
工作动机与愿望	2.6	10%	0.26	在回答应聘本岗位的理由陈述中，表现出应聘者兴趣与薪酬的矛盾。个人职业生涯规划也较模糊。	
工作责任心	3.8	10%	0.38	通过其大学期间所担任的工作及经历，表明应聘者做事认真负责，且诚实可靠。在应答中宁愿牺牲个人利益也要处理好工作的回答，体现了这一点。但在工作主动性方面还需进一步加强。	3.55
配合协调性	3.6	5%	0.18	根据大学期间参加辩论赛的经历可以了解到应聘者甘当绿叶，愿意协助他人把工作做好，有较好的配合协作意识。但从对团队所做的贡献来看，应聘者还需加强配合协作的能力。	
客户服务导向	3.8	15%	0.57	整个面试过程中应聘者表现出良好的态度与情绪控制力，在对处理客户关系的问题上也能体现出"顾客至上"的精神，敢于主动承认错误。但也可观察到其内在情绪的不稳定性，可能影响到以后办事的效果与积极性。	
问题解决能力	3.2	10%	0.32	在应对处理假设性的紧急事务问题时，应聘者表现沉着冷静，有条不紊，但宁可自己掏钱去解决问题的行为选择，固然精神可嘉，实际上是对通过自身能力来化解争端这一途径的否定。	
外语水平	2.4	5%	0.12	通过CET-6表明其拥有良好的英语阅读、书写能力，但通过运用英语进行的自我介绍，可以看出在口语表达上还有欠缺。	

面试综合评价

优点	举止稳重大方，表达能力强，思维敏捷、反应迅速，并能在一定程度上控制表面情绪。对人坦诚热情，工作认真具有责任意识。沟通协调能力较强，乐于帮助他人，并具备自我认知能力和积极向上的精神。
缺点	缺乏工作经验和社会阅历，对旅游业相关知识熟悉程度有限。工作主动性欠缺，处理人际关系方式不老练，缺乏个性与领导能力。内在情绪稳定性一般，容易因环境变化而影响到个人心情。不擅长自我职业设计，求职动机不明确。

续　表

录用意见	1.立即录用(　　)原因:(略) 2.有条件录用(　　)原因:该应聘者虽然在许多方面超过了该岗位的基本胜任要求,但在诸如情绪稳定、客户服务导向等重要的胜任力方面还有一定的差距。考虑到作为应届生,可塑性强,故建议给予一定的培训与适应时间,在试用期间注意其在本岗位的发展潜力。 3.拒绝(　　)原因:(略)

面试官:王某　路某　　　　　　　　　　　　　　　　　　日期:2005 年 7 月

公司地址:(略)　　　　　　　　　　　　　　　　　　咨询电话:6540×××

资料来源:赵琛徽.人员素质测评.武汉:武汉大学出版社,2010

【实训步骤】

1.材料阅读。

2.分析案例,分组讨论。

3.作业展示:

■ 各小组应按要求的形式展示本次作业成果;

■ 作业成果应简洁清晰;

■ 作业成果中应包含本次实训要求展示的各项内容;

■ 作业成果中应突显本次实训的重难点;

■ 作业成果不能有错误内容(否则按实际情况扣除相应分数)。

4.教师点评。

5.成绩评定。

【实训报告】

1.面试的含义。

2.面试的种类。

3.面试的作用及特点。

4.面试的内容:

■ 测评要素;

■ 面试中测评要素的操作定义与典型行为的编写;

■ 面试评分标准;

■ 面试问题的形式;

■ 面试前的指导语;

■ 面试问话提纲;

■ 面试维度测试记录表;

■ 面试总分的确定及如何填写评语。

5．面试的组织与实施流程。

【实训成绩评定标准】

一、实训成绩评定依据

1．实训报告的准确、完整程度。

2．参与实训的态度和纪律。

二、成绩评定等级与标准

A：报告准确完整，态度端正；

B：报告较准确完整，态度较端正；

C：报告基本准确完整，态度基本端正；

D：报告尚准确完整，态度尚端正；

E：报告不准确完整，态度不端正。

实训项目 7：面试中行为性问题的构建

【实训目的】

在招聘中经常会有这样的现象：内部招聘的决策准确度远高于外部招聘的决策准确度。究其原因就是前者的决策依据是内部人员的实际工作能力，应聘者过去的实际工作业绩提供了衡量其实际能力的参照指标。面试中行为性问题关注的是应聘者过去的行为，所问的是应聘者实际上做了些什么、怎么做的、有什么结果，而不是他们知道什么或者他们将会做什么。而在非行为性面试中，考官则很可能受到应聘者外在的、表面的个人特点影响，过多地评价其找工作的能力，而对其做工作的能力缺乏有效深入地考察。

【实训场地】

开放式实训室

【实训准备】

一、知识储备

- 掌握面试及相关术语基本范畴；
- 面试问题的形式；
- 情景性问题与行为性问题的差异点；
- 行为性面试题的设计原则；
- 行为问题的构建技术。

二、能力要求

- 各小组成员课前应充分利用各种资源，通过各种方式掌握学习内容；
- 各小组成员通过协作完成实训任务，按要求的形式（Word/PPT 等）展示作业；
- 各小组展示作业的代表同学语言表述应流利清楚，在展示中突出本次实训的重难点；
- 各小组展示作业后的提问过程中要求各个成员都能积极参与回答同学的提问，而不是集中于某个或某几个同学；
- 课后各小组应对课堂内容及本次作业进行总结、修改，争取下次做得更好。

【实训资料】

材料一：

应该提什么样的问题

曾经有一位销售总监计划招聘一位销售经理负责公司东北区的销售工作。通过对十多位应聘者的面试后，终于有一位应聘者让他眼睛一亮。这位应试者滔滔不绝的谈吐表现出饱满的热情，并且对销售工作非常熟悉，许多看法很具有说服力，征服了销售总监，于是就予以录用了。可 6 个月后，这位新上任的销售经理根本没有制订有效的销售计划，也不能有效地组织有力的销售攻势，每天只是自己跑出去拜访客户，其他的销售人员在他的领导下无所适从。眼见市场占有率下降，甚至整个地区的市场秩序都被扰乱了，销售总监最终不得不辞掉了这位销售经理。

面试专家询问这位销售总监在面试过程中所问的一些问题，了解到他所问的主要问题有：

"你从事过哪些产品的销售工作？"

"你为什么愿意报考我们这个部门？"

"你认为 xx 产品的销售有哪些特点？如何才能做好这一类产品的销售工作？"

"如何才能调动下属的工作积极性、努力开展销售工作？"

"针对东北市场的销售现状，你认为下一步该怎么做？"

一个好的销售人员，由于其工作的特殊性，经常需要应对提问，沟通与表达是其强项，因此，通常能够把上述问题答得很好。但是，在实际工作中是如何做的，特别是其做法是否符合销售总监的要求，仅通过上述问题很难看出来。

行为性面试的方法之所以行之有效，是因为行为性面试不会问"你会怎么做"或者"你认为应该如何去做"，而是"请告诉我们你……的一次经历"，让应聘者讲述与目标职位相关的一些行为事件，并且会通过追问来了解应聘者在做这件事情中的一些细节，包括当时的动机、应聘者的角色、当时的思考过程和心理感受等。

对应聘者来说，接受行为性面试有一个进入状态的过程，可能在面试的初始阶段还不太适应去回忆自己过去的经历。那么，这时提的问题最好是其过去经历中最近发生的一件事情，如"请谈一谈你最近 6 个月里解决的一个技术上的难题"。如果其工作经历中发生过此类事件，他会记得比较清楚，也容易说出来。但在此时，不太适应行为性面试的应聘者可能只会泛泛谈谈事情的大概，这样就需要通过进一步追问的方式来获取事件的细节。

材料二：

行为性试题的两种编制方法：关键事件法和经验确定法

1. 关键事件法

所谓关键事件法，就是指人才测评专家用心去收集应聘者经历的成功或失败的事件，并且试着以这些事件作为素材来设计行为性面试题。通过这种方式设计出来的面试题具有很高的内容效度,应试者会有很强的认同感。下面是用这种方法设计行为性面试题的案例。

小李是某银行市场拓展部的客户经理,他给自己安排的工作是上午拜访自己多年来巩固下来的稳定大客户,下午去开发新客户,几年来,他一直坚持这样的工作习惯。

某天下午,他来到一座写字楼,从这栋楼的顶层开始,一层一层地进行着"扫楼"的工作。逐个地敲门,习惯地自我介绍,掏出名片。这样一直进行到第10层,敲开眼前这道门,他立刻敏锐地意识到,这可能是一个大客户。通过对这家公司的观察和与该公司保洁人员的交流,他决定对这家公司进行全力以赴的营销。于是他敲开了该公司总经理办公室的大门,与公司总经理进行攀谈。从公司总经理的话语中,他意识到这家公司的国际业务特别多,而这其中需要的信用证、保理和保函等业务,他们银行可以提供服务。于是,他回到银行立即向行长汇报,行长派国际结算部的总经理与该公司老总进行洽谈。此后,小李经常走访该公司,询问公司在资金管理方面有无需要服务的地方。在这种"攻势"下,该公司尝试将一部分业务收入存入小李所在的银行。

小李在接下来的日子里并没有放松对该公司的公关。他着重向该公司介绍自己银行推出的个人理财业务,并给他们提一些理财的建议,逐步获得了该公司领导的信任,最后该公司领导终于将自己的储蓄账户放到小李所在的银行,并采纳了小李的理财建议,取得了较高的收益。

根据上述关键事件,我们可以设计选拔客户经理的行为性面试题,如表7-1所示。

表 7-1　选拔客户经理的行为性面试题

考察要素	行为性面试题
客户开拓能力	在一个不太熟悉的环境中你如何去开拓新客户?请结合一个类似的经历来谈谈你的主要做法,以及最终达成的效果。
问题解决能力	请谈谈你最近解决的一个在别人看来比较棘手的客户问题,你是如何解决的?为什么在别人看来这个问题比较棘手?

2. 经验确定法

经验确定法就是人才测评专家或人力资源管理者根据自己的经验,针对评价要素设计行为性面试题,而不是通过对应试者的询问来获得关键事件。在实践中,由于时间、经费等方面的限制,往往不宜实施访谈,这时就得用经验确定法来设计行为性面试题。还有的时候,组织常常会设置新的工作岗位,无法获得关键事件。比如,我们要考察一个新职位应试者的影响力,就可以设计这样的问题:

"在过去的经历中,当你遇到阻碍时,你是如何尝试通过其他人来达到目的的?请举一个最成功的具体事例。"

上述问题对各种职位都是适用的,在问题中经常使用的关键形容词包括最成功的、最难忘的、最具有挑战性的、最困难的、最失望的等。这里需要指出的是,面试题的设计还要特别关注胜任力模型中各要素的评价标准和行为指标，只有这样才能帮助考官在实施面试时准确有效地进行评价。下面以具体案例进行说明。

面试要素：团队合作。

行为性面试题：请谈一个在最近的工作中你与他人共同解决问题的案例。

追问：这件事是在什么情况下发生的？与你一起工作的是什么人（了解其合作的动机）？你当时具体承担什么职责？你们是采用什么方式来展开工作的？在这一过程中，你们对问题的看法有没有分歧（深层次的了解）？任务完成后，你的合作者是怎么评价你的？

评价标准：假设团队合作这一胜任力共有四级，表 7-2 列出了一级到四级的行为表现指标。

表 7-2　团队合作要素的评价等级及行为指标

行为标准＼等级	一	二	三	四
团队合作	不与团队成员沟通，完全按照个人设想工作。 虽然告知团队成员自己的设想，但不响应对方提出的建议或要求。 固执己见，很难主动改变自己的想法。 不关心团队目标，较少参与团队活动。			积极寻求并尊重他人的观点，促进群体的合作氛围。 在承认群体成员因观点不同而存在分歧的基础上，通过有效的方法解决分歧，以达成目标。 群体中成员的观点不一致时，能够理解彼此的设想，求同存异。 调动群体中所有成员的积极性和参与度，加强群体的凝聚力。 设法解决全体成员的困难，使其愿意留在群体中。

某应试者的回答：今年 10 月的时候，我和同事在编写一个应用软件时产生了一些分歧。当时时间特别紧，大概还剩 10 天就要给出结果，但是就因为那个问题，我们吵了 3 天。我想既然是合作，肯定会有意见的不一致，而且争论也是有必要的，争论可以帮助找到最好的办法。后来我们去图书馆查了好多资料，也请教了很多人，最后达成了一个较为完美的解决方案。

结合实例，参照该胜任力可以看到，这位应试者的表现基本符合团队合作第四级的解释，也就是说该应试者具有较好的团队合作精神。

材料三：

各类行为性面试题样例

1. 能力系统

（1）口头沟通能力

① 要素界定

口头沟通能力是指在他人或群体面前，能够清晰、流畅地表达自己的想法。

② 操作定义

a. 自信,无论在何种场合均能轻松自如地发表自己的观点;

b. 语言清晰、流畅、有条理;

c. 能够有效地倾听;

d. 有合适的非言语表情活动的交流;

e. 具有说服力。

③ 行为性问题

a. 你在与人沟通中遇到的最大困难是什么? 当时你是如何处理的?

b. 请举一个这样的事例:当你向上级反映重要信息时,他误解了你的意思。说说你当时是如何处理的?

c. 请讲述一次你成功说服他人或团队接受你的意见的经历。

d. 请谈谈你做过的最成功的一次演讲。

e. 当交谈或谈判的气氛变得紧张时,你是如何处理的? 请举例说明。

(2) 问题解决能力

① 要素界定

问题解决能力是指准确清晰地定义问题,收集相关信息并提出有效的解决方案的能力。

② 操作定义

a. 掌握问题的背景,认清问题所涉及的各种关系;

b. 能够预见到特殊行为的结果;

c. 提出异议,对不同的观点进行争论;

d. 用有效的方法、严格的逻辑和方式去解决问题;

e. 为解决问题寻求各种有用的资源。

③ 行为性问题

a. 请讲述一个你发现问题,并提出有效的解决方案的例子。

b. 请谈谈你迄今为止解决得最成功的一个难题,当时你是怎么考虑的? 具体怎么做的?

c. 请回忆一次这样的经历:在解决一个问题时,你的方法比其他人的更有效,当时你怎么考虑的? 做了什么?

d. 请讲一个最近几年中你认为自己解决得不好的难题,当时的情况是怎样的? 你都做了些什么?

e. 请谈一次这样的经历:你经过认真思考和分析解决了一个问题,你当时都做了些什么?

(3) 计划与组织能力

① 要素界定

计划与组织能力是指为了实现某一目标,能够恰当地安排工作和利用资源,并采取一系列有效的行动。

② 操作定义

a. 明确工作目标;

b. 提前为任务做好计划；

c. 工作计划充分考虑到各种可能的情况；

d. 有效地管理时间；

e. 有效地利用人、财、物等各种资源；

f. 能根据情况变化进行及时调整。

③ 行为性问题

a. 请谈谈你在工作安排方面遇到的最大挑战，你是如何确保自己能够完成任务的？

b. 请谈一次你没能按时完成某项工作的事例。

c. 请讲述这样一个经历：你在时间紧迫的情况下必须同时完成几件事，你当时是怎么想、怎么做的？

d. 你在时间管理方面有什么失败的经历？请举个具体例子。

e. 有时候能利用的资源是有限的，你如何利用有限的资源完成工作？请举个具体例子。

（4）信息搜索

① 要素界定

信息搜索是指有强烈的好奇心，为了了解更多的人、事物或特殊议题，而花费力气去获得更多的信息。

② 操作定义

a. 对问题的形成原因及相关信息很感兴趣，喜欢深入探讨；

b. 寻求未来可利用的潜在机会或多种信息；

c. 对于获得的信息会亲自去求证是否真实；

d. 为了了解问题，能够运用系统化的方法来收集信息。

③ 行为性问题

a. 请谈谈你最近为完成某个项目而遇到的收集信息方面的困难。

b. 为了核实你所获得的信息是否准确，你都会做哪些工作？请讲一个印象深刻的例子。

c. 决策往往是建立在一定的信息基础上的，你一定遇到过信息不充分而无法做出决定的情况。请谈一个事例说说你在这种情况下是如何获取信息的。

d. 请谈一个由于未获得有效的信息而做出错误决定的事例。

e. 我们每天都会接收到大量的信息，但真正有用的不多，你是如何辨别信息是否有价值的？请举个成功的事例。

2. 动力系统

（1）成就需要

① 要素界定

成就需要是指对取得工作上的成功或自我发展有强烈的要求。勇于挑战难题，为追求高于一般标准的业绩而采取行动。

② 操作定义

a. 渴望把事情做得完美；

b. 关注结果,在改善业绩的同时也注重效率的提升;

c. 为自己设立有挑战性却又能够实现的目标;

d. 有决心去完成一项有难度的任务,在困难面前不放弃;

e. 为达成目标而尝试使用不同的方式;

f. 在成功、失败和冲突中检点自身的问题,承认失误,寻求改进;

g. 主动出击,不等待上级的安排。

③ 行为性问题

a. 请介绍一个你主动为自己设立的具有挑战性的目标。你是如何实现这个目标的?

b. 请谈谈你认为最成功的一段工作经历,当时的情况是怎样的? 你都做了哪些工作?

c. 请谈谈你为自己设立的一个最重要的目标是什么? 你是如何实现的?

d. 请讲一个你没能实现的目标,具体谈谈没能实现的原因。

e. 请描述一个你为了实现目标而付出巨大努力的例子。

f. 请讲述一个你在工作中不满足于现状,力求把工作做得更好的例子。

(2) 主动性

① 要素界定

主动性是指在没有外在要求的情况下,发现需求并自发地采取行动以实现工作目标。

① 操作定义

a. 不需要他人提出要求,能够意识到并根据当前的情形行事;

b. 在事情发生前就有所准备,并能准确把握机会;

c. 能够主动承担更多的工作和责任;

d. 积极寻求外部的支持,以了解他人的想法;

e. 能够独立行动,改变事情的发展方向;

f. 为完成目标而迅速采取一些措施,使得结果远远超出了预期;

g. 为了寻找新的机会,会努力拓展工作内涵,获取新技能、新经验;

8) 能贡献自己的建设性意见。

③ 行为性问题

a. 请描述一次你曾经做过的分外工作的经历。你为什么要承担这些工作?

b. 你认为你所在的公司有哪些规章制度或流程需要改变? 你为此做了什么?

c. 请描述一次由于你的主动改变,从而使你的工作变得更有效率或更轻松的经历。

d. 请描述一个由你发起的项目或工作,你为什么要这样做? 实施的结果如何?

e. 请讲一个你在信息不充分、缺乏指导的情况下完成的项目或任务。

f. 举一个由于你的努力而使一个项目或想法得以成功实施的例子。

g. 你是否做过一些超出工作要求范围的工作? 请举例说明。

(3) 组织承诺

① 要素界定

组织承诺是指使个人的行为与组织的价值观、原则和目标保持一致。

② 操作定义

a. 愿意帮助他人完成任务；

b. 能够根据组织的要求调整自己的活动；

c. 具有合作精神，以便更好地实现组织目标；

d. 关注组织的长期发展；

e. 为符合组织的要求而放弃个人或专业上的利益。

③ 行为性问题

a. 你所在组织的价值观或目标是什么？你对此有什么看法？你是如何调整自己帮助组织实现目标的？

b. 请描述这样的一次经历：你为维护组织利益而做了不受欢迎的决定，你是如何做的？

c. 当你发现了有悖于组织目标或价值观的行为时，你是怎么做的？请举例说明。

d. 当个人或专业上的利益与组织目标发生冲突时，你是怎么处理的？请举一个例子来说明。

e. 你是如何为组织的发展献计献策的？

（4）个人发展和成长

① 要素界定

个人发展和成长是指在适当的时候进行自我评价，了解自己的不足，并能设定发展目标，主动地完善和发展自己。

② 操作定义

a. 清晰地了解自己的优缺点和有待提高的地方；

b. 强调责任感和持续的发展；

c. 在遇到困难时，能够向外界寻求帮助；

d. 愿意接受别人的反馈意见，并能在日常的工作中及时改正，提升工作绩效；

e. 能够从挫折和失败中吸取经验。

③ 行为性问题

a. 请举例说明，你是如何完善自己，改正自己的缺点和弥补不足的？

b. 在上一次绩效考核中，你需要改进的方面有哪些？你是如何改进的？

c. 在你的工作经历当中，最失败的经历是什么？你从中学到了什么？你又是怎样把这个经验运用到工作中的？

d. 团队中的每个人都有自己的优缺点，请讲一次你发挥自己特长帮助团队完成目标的经历。

e. 请描述一次暴露了自己很多缺点的工作经历。为什么会暴露这些不足？你学到了什么？又是如何提高的？

3. 个人行为风格系统

（1）正直

① 要素界定

正直是指一个人能够做到言行一致，公开、直接地表达自己的想法、观点和感受。

② 操作定义

a. 赢得广泛的支持与信任；

b. 不会为了个人的利益而误导他人或发表不属实的言论；

c. 即使不被他人接受，也愿意挺身而出，为正确的事情据理力争；

d. 对于工作环境态度坦诚，在不必说或者不说对自己更好的情况下，仍能表达自己的想法；

e. 行动与自己所相信的价值观一致；

f. 表现出很高的道德标准，并深知如果违背了这些标准，对于组织和个人会产生什么样的影响；

g. 当遇到阻力或困难时，仍然能够坚持按自己的价值观做事。

③ 行为性问题

a. 请讲一个你曾经遇到的行事有悖于公司或客户利益的人，你是如何对待他的？

b. 请你讲一个这样的经历：别人让你撒个谎以便争取一个很重要的客户，你是怎么做的？

c. 在工作环境中，个人的价值观会受到巨大地挑战，请讲述一次这方面的经历。

d. 当你发现同事的行为违反了公司的有关规定时，你会怎么做？请举实例说明。

e. 请举一个你同事做得很不道德的事例。

（2）自我监控

① 要素界定

自我监控是指一个人根据外部情境因素而调整自己行为的能力。

② 操作定义

a. 对环境很敏感，根据情境的不同调整自己的行为举止；

b. 灵活性好，能够很快适应新环境；

c. 试图在公众场合和私人生活中建立不同的形象，并维护不同的社交圈；

d. 行为方式符合社会习俗；

e. 适合从事管理岗位或需要影响他人的岗位。

③ 行为性问题

a. 请回忆一下，当你置身于一个陌生的环境或不同的文化环境中时，你会有什么样的反应？

b. 谈谈你是如何尽可能适应新环境的，请举例说明。

c. 当你调到一个新的部门时，发现工作氛围和方式与以前的完全不同，你是如何适应的？请举例说明。

d. 即兴讲话，尤其是针对一个不太熟悉的主题，是很有挑战性的，请讲一个类似的经历。

e. 请谈谈你刚刚被提拔到管理岗位的经历，当时都遇到了哪些困难？你是如何克服的？

（3）独立性

① 要素界定

独立性是指能够摆脱对他人的依赖，独立自主地进行工作，自行解决工作中遇到的各种难题。

② 操作定义

a. 不需要他人的指导，能够独立地完成职责范围内的工作；

b. 对工作中的问题有自己独立的思考；

c. 当与他人的观点不一致时，能够坚持自己的看法；

d. 对于职权范围内的问题能够独立地进行决策；

e. 愿意承担自己所作决策或所采取行动的责任；

f. 在解决问题时，能够在恰当的时候引进外部的支持；

g. 在与人交往过程中能够保持独立。

③ 行为性问题

a. 请举一个在你的工作经历中最能体现独立性的例子。

b. 回忆一次你独立承担的、最大的或最困难的项目，请完整描述那次经历，并说说你的感受。

c. 请详细描述一下你所遇到的最无助、最困难的一段工作经历。

d. 在你的工作经历中，请讲述这样的一个经历：你在自己职权范围内做出的决定受到了他人或上级的质疑，你当时是如何处理的？

（4）开放性

① 要素界定

开放性是指对新鲜事物，如知识、方法和非传统的观念等的接受能力。

② 操作定义

a. 相信革新会比规范更有利于做好工作；

b. 愿意与他人自由地共享观点和信息；

c. 尊重他人独特的个性特长和需要；

d. 思维开放，兴趣广泛，能够接受各种刺激，愿意冒险；

e. 有独创性和革新性；

f. 适应能力比较强，能够很快适应变化性大、需要创新或较为冒险的工作。

③ 行为性问题

a. 请举一个最能体现你在工作中具有良好的开放性的例子。

b. 你能够向我介绍一下当你面对变幻莫测、需要有创新或冒险精神的环境时是如何处理的吗？当时的情况如何？

c. 你有没有遇到过个性比较特殊的团队成员？你是如何处理的？

d. 在现代信息时代，我们每天都会接触到各种各样的新思想、新方法，请你谈谈自己在这方面的经历，有没有让你记忆特别深刻的例子。

e. 当你进入一个全新的环境时是如何适应的？请举一个具体的例子来说明。

材料四：

使用 STAR 模型对银行客户经理进行追问的案例

面试考官："请描述你努力说服他人接受你的观点的一次经历。"

应聘者:"我经常说服我的客户购买我们银行的理财产品,客户都很信任我。"

面试考官:"既然这样的事例很多,你能不能谈其中一个让你最有成就感的事例?"

应聘者:"我想一想,我曾经说服过一个刚刚投诉过我们银行的中年女性购买了 30 万元我们银行的理财产品……"

提问至此,主持人只是大概知道了应试者所要讲述的事例,但这位客户经理有哪些具体行为表现,所说是否属实,则很难去把握。这时主持人可以应用 STAR 模型来进一步地追问,以达到对事件具体细节的了解。

第一步,我们可以针对 STAR 模型中的 S(Situation)来追问,即了解该事件发生时的背景。

面试考官:"这件事情发生的背景是什么? 当时有哪些具体情况?"

应聘者:"那时我在营业厅做大堂经理,主要是为那些到银行营业厅来办业务的客户提供一些咨询指导服务。当时 3 号柜台的一位客户对柜员大声嚷嚷起来,骂柜员办事效率低、服务态度不好。周围的人劝说她也不听,非要找领导投诉,并且说的话非常难听。我听到以后,马上走过去,准备处理此事。"

通过针对 S(Situation)的提问,主持人可了解到这件事情发生的背景,知道这件事情的难度。通过这一提问,了解到具体情况是客户对银行的工作人员已经非常不满意,并且情绪失控,有不文明的言语。这样就使得我们对这位客户经理需要去面对和处理的问题的难度有了明确的认识。

第二步,我们需要了解的是,应试者在这种情况下想要达到什么样的结果,即其行为的目标是什么,也即是 STAR 模型中的 T(Target),那么继续提问。

面试考官:"您当时与这位顾客沟通时,想要达到什么样的目的?"

应聘者:"当时我是大堂经理,有责任处理客户的投诉。发生了这种情况,我第一个想法就是平息客户的怒气,使客户的需求得到满足,避免对我行有不良影响。"

这一步的提问使主持人了解到这位客户经理当时做这件事情的动机和目标,使我们对他做事的目标有了一定的了解,也更有利于我们了解其接下来的行为与这一目标和动机的一致性。

第三步,要了解这位客户经理为了达到这样的目标,采取了什么样的行动,即 STAR 模型中的 A(Action),主持人继续提问。

面试考官:"当时是怎么想的? 又做了些什么? 能不能具体讲一讲?"

应聘者:"当时我为了使她的情绪稳定下来,做了这样几件事。首先我向她介绍我是大堂经理,专门负责解决大家的疑难问题。当她提出她的不满时,我认真地听她说,等她说完了,我首先表示我明白了。我说,你先跟我到贵宾室,咱们一起商量一下。她跟我到贵宾室后,我给她倒了杯茶水,她就开始说她的问题。原来她办理取款业务时,有一张卡自己忘了密码,接连输入三次都不对,到第四次的时候就不让输入了,必须办理挂失。她抱怨前台柜员没有及时提醒她,使她不能及时取出钱来,影响了她用钱。"

面试考官:"然后你是怎么做的?"

应聘者："她这个问题确实不好办了，按照规定，密码输入三次就必须挂失了。我首先道歉，因为我们没有及时提醒，影响她用钱了。我想了解她用钱做什么，她说要买基金。我了解到她对投资知道得不多，正好是我可以帮上她的地方，并且还可以向她介绍我行的基金和理财产品。于是就开始了解她的需求，并介绍家庭投资的方式、买基金的时机以及利弊分析。我用我们银行的各类产品来举例，并告诉她在我们银行买理财产品的收益不小。谈着谈着，她对我的话越来越有兴趣了。"

这一步的提问使主持人了解到应试者为了达到预期的目标所采取的一些具体行动，比如，倾听、认可对方的说法，引导、提供帮助和指引，了解对方的需求及想法，为对方提供无私的帮助，转移对方的注意力，等等。这些行为都是在说服对方的过程中不可缺少的，说服对方的基础是与对方建立良好的关系，而当事人的行为习惯和做事方式对建立什么样的关系起着关键作用。所以了解到这些行为表现，对于评价应试者是否具备相应的素质是非常重要的。

第四步，了解应试者行为的结果，即 STAR 中的 R(Result)，主持人继续提问。

面试考官："最后的结果怎么样？"

应聘者："经过这么一沟通，那位客户的抵触情绪渐渐淡化了，语气也缓和了许多，而且好像对我说的话越来越有兴趣。"我其实已经了解到她的需求，就开始转守为攻了，想看看她是否有意买我们银行的产品。结果她不仅不再想着投诉我们，而且一下子买了 30 万元我们银行的理财产品，并点名要求我做她的理财顾问。

这样，经过连续四步的提问，我们就全面地了解了这起事件的经过，对应试者在该事件当中表现出的素质就有了清晰、全面的认识。

1. STAR 模型帮助获得完整信息

即使我们在面试时采用了行为性面试的问题，但由于不同应试者各具特点，所回答的问题并不会完全如我们所期望的那样。比如，一个问题提出来之后，获得的大多是不够完整的信息，常常是不全面的 STAR。下面的案例就是在面试中常常会遇见的情况。

面试考官："请讲述在过去经历中，你克服重重困难，努力改变落后局面的一次经历。"

应聘者："我刚到（房地产）公司的销售部工作的时候，业务代表之间的矛盾很严重，相互之间钩心斗角，抢单、诋毁他人的事情时有发生，并且还发生过一次业务代表之间的打架事件，销售工作的开展非常不顺利。我上任之后，把整个局面扭转了，将我们这个团队打造成了一个非常团结、高效的集体。"

从这个案例来看，应试者回答的事例虽然是行为事例，但该行为事例是不完整的。该事例有完整的 S(业务代表之间矛盾很严重，相互之间钩心斗角，抢单、诋毁他人的事情时有发生)和 T(到新部门上任，扭转不利局面)。但这一事例中没有 A，即我做了哪些事情获得了成功，也就是应试者为了改变这种局面采取了哪些具体行为的这部分内容。而且，事例中的 R 部分也不具体，即对"团结、高效的集体"的具体体现描述得不够清楚。

对于一个不完整的行为事例，就要针对其不完整的部分进行追问。上例中面试考官就可以对 A 和具体的 R 进行追问：

"请谈谈你做了哪些事情使原来的局面有了改观？"

"你是怎么具体实施新的制度和流程的？"

"在实施过程中是否遇到一些阻力或挑战，你是如何处理的？"

"哪些关键的做法起了作用？"

"关键的转折点在哪里？"

"团结、高效体现在什么地方？有什么具体的事例可以说明？"

经过这些进一步的提问，我们就可以完整地了解应试者的行为信息。采用 STAR 模型进行提问需要经过一定的训练，才能使面试考官逐渐养成这种结构化提问的习惯，从而提高面试的效率。

2. STAR 模型帮助辨别行为事件的真实性

由于应试者处于被评价的位置，他们希望通过面试获得目标职位，因而必然会想方设法地表现甚至夸大自己好的方面，极力掩盖自己的不足。比如，将别人做过的设计方案说成是自己做的，或将别人的行为事例说成是自己的，这就会影响整个面试的结果。STAR 模型运用于行为面试时，如果运用得好，还能够帮助评价者辨别应试者回答的真伪。

行为面试考官可以针对 STAR 的不同方面进行提问，来辨别应试者回答的真伪。

（1）针对 STAR 中的 S 进行提问。例如："领导为什么要你来管理销售部？""销售部都有哪些职责？""你当时为了做好销售部的工作都做了哪些准备？"

（2）针对行为的任务提问。例如："你当时具体的任务是什么？""是谁给你定的目标或任务？""为什么给你定这样的目标？你当时是怎么想的？"

（3）针对具体的行动和措施提问。例如："你当时是怎么做的？你当时为什么这么做？""你在其中担当了什么角色？其他人做了哪些事？……你当时最关键的举动是什么？改变了什么？"

（4）针对最终的结果进行提问。例如："团队的哪些行为表现比以前有了大的改观？请讲出一个事例。""公司对你工作结果的评价怎样？什么情况下做的评价？如何评价的？你又是如何知道的？"

（5）还可以针对过程中的挑战进行提问。例如："你在这个部门的管理工作中遇到过什么样的挑战？你是如何处理的？""过程中最难处理的问题是什么？你怎么处理的？"

（6）针对过程中最成功之处或最失败之处进行提问。例如："你觉得在这个过程中最成功的地方在哪里？""你觉得回想起来，哪些地方做得不够好？"

通过采用这种具体的追问方式，面试考官可以判断出应试者所讲述的行为事件的真伪。因为对于虚假的事件，应试者很难详尽地说明事例中的每一个细节，进一步的提问会使应试者出现这样或那样的漏洞，或者无法详细具体地描述事件。在这种详细的提问攻势下，讲述虚假事件的应试者往往难以招架。同时，如果应试者对这些问题的回答都模糊不清，则可以据此推断，在这个过程中他亲自参与的程度不够，也就无法断定他是否具备相应的素质。

资料来源：刘远我.人才测评：方法与应用.2 版.北京：电子工业出版社，2011

【实训步骤】

1. 材料阅读。

2. 分析案例，分组讨论。

3. 作业展示：

■ 各小组应按要求的形式展示本次作业成果；

■ 作业成果应简洁清晰；

■ 作业成果中应包含本次实训要求展示的各项内容；

■ 作业成果中应突显本次实训的重难点；

■ 作业成果不能有错误内容（否则按实际情况扣除相应分数）。

4. 教师点评。

5. 成绩评定。

【实训报告】

1. 行为面试的含义。

2. 行为面试与非行为面试问题的差异。

3. 行为面试问题的构建方法。

4. 进行行为性问题题库的构建。

5. 如何使用 STAR 模型在行为面试中进行有效追问。

【实训成绩评定标准】

一、实训成绩评定依据

1. 实训报告的准确、完整程度。

2. 参与实训的态度和纪律。

二、成绩评定等级与标准

A：报告准确完整，态度端正；

B：报告较准确完整，态度较端正；

C：报告基本准确完整，态度基本端正；

D：报告尚准确完整，态度尚端正；

E：报告不准确完整，态度不端正。

实训项目 8：一般能力测验

【实训目的】

1. 了解一般能力（智力）的相关理论。
2. 借助标准化测试，了解自己的一般能力水平（智力水平）。
3. 掌握一般能力测验在相关人力资源管理环节中的应用。

【实训场地】

开放式实训室

【实训准备】

一、知识储备

- 智力测验的基本知识；
- 能力的相关理论；
- 了解智力测验发展简史；
- 了解常见智力量表：比奈—西蒙量表、斯坦福—比奈智力量表、韦克斯勒成人智力量表、瑞文标准推理测验；
- 人员素质测评的基本概念和相关原理。

二、能力要求

- 课前应充分利用各种资源，通过各种方式掌握学习内容；
- 完成实训任务，按要求的形式完成实训报告。

【实训资料】

智力自我测验

这是一个精心编制的智力测验，适用于 11 岁以上的儿童和成人。你应在自己头脑清醒、精力旺盛时来完成这一测验。注意保持良好的灯光和其他条件，注意时间限制，不要有别人在旁提示。

1. 指导语

(1) 你必须在 45 分钟内完成全部(60 个)题目，一定不要超过时间。

(2) 不要在一个题目上耽搁太久，如果回答不出，就猜一个答案，猜错不扣分。不要留下未回答的题目。

(3) 如果一个题目看起来有一个以上的正确答案或没有正确答案，选一个你认为最好的答案。这些题目是为了测验你的思考力而专门设计的。

2. 智力自测题

(1) 五个答案中哪一个是最好的类比？

工工人人人工人工对于 221112112 相当于工工人人工人人工对于 _____

(a) 2 2 1 2 2 1 1 2 2

(b) 2 2 1 1 2 1 2 2

(c) 2 2 1 1 2 1 1 2

(d) 1 1 2 2 1 2 2 1 1

(e) 2 1 2 2 1 1 2 1 2

(2) 找出与众不同的一个 _____

(a) 铝　　　　(b) 锡　　　　(c) 钢　　　　(d) 铁　　　　(e) 铜

(3) 五个答案中哪一个是最好的类比？

(a) 　(b) 　(c) 　(d) 　(e)

(4) 找出与众不同的一个 _____

(a) **N**　　　(b) **A**　　　(c) **V**　　　(d) **H**　　　(e) **F**

(5) 全班学生排成一行，从左数和从右数小明都是第 15 名。问：全班共有学生 _____ 人？

(a) 15 人　　(b) 25 人　　(c) 29 人　　(d) 30 人　　(e) 31 人

(6) 一个立方体的六面，分别写着 A、B、C、D、E、F 六个字母，根据下面四张图，推测 B 的对面是 _____ 字母。

(a) 　　(b) 　　(c) 　　(d)

(7) 找出与"确信"意义相同或意义最相近的词 _____

(a) 正确　　　(b) 明确　　　(c) 信心　　　(d) 肯定　　　(e) 真实

(8) 五个答案中哪一个是最好的类比？

脚对于手相当于腿对于 _____

(a) 肘　　　　(b) 膝　　　　(c) 脚趾　　　(d) 手指　　　(e) 臂

(9) 五个答案中哪一个是最好的类比？

■ 对于 ▲ 相当于 ◼ 对于 _____

(a) ◻   (b) △   (c) △   (d) ▲   (e) ▲

(10) 如果所有的甲都是乙，没有一个乙是丙，那么，一定没有一个丙是甲。这句话是_____

(a) 对的   (b) 错的   (c) 既不对也不错

(11) 找出下列数字中特殊的一个 _____

1 3 5 7 11 13 15 17

(12) 找出与众不同的一个 _____

(a) **D**   (b) **G**   (c) **C**   (d) **P**   (e) **R**

(13) 小明比小强大，小红比小明小。下列陈述中哪一句最正确_____

(a) 小红比小强大   (b) 小红比小强小

(c) 小红与小强一样大   (d) 无法确定小红与小强谁大

(14) 找出与众不同的一个 _____

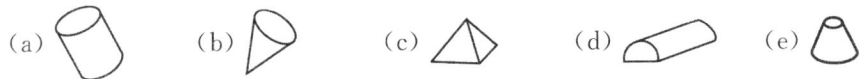

(a)   (b)   (c)   (d)   (e)

(15) 五个答案中哪一个是最好的类比？

"预杉"对于"须杯"相当于 8326 对于 _____

(a) 2368   (b) 6283   (c) 2683   (d) 6328   (e) 3628

(16) 小明有 12 枚硬币，共 3 角 6 分钱。其中有 5 枚硬币是一样的，那么这五枚硬币一定是 _____

(a) 1 分的   (b) 2 分的   (c) 5 分的

(17) 找出与众不同的一个 _____

(a) 公里   (b) 英寸   (c) 亩   (d) 丈   (e) 米

(18) 经过破译敌人密码，已经知道了"香蕉苹果大鸭梨"的意思是"星期三秘密进攻"，"苹果甘蔗水蜜桃"的意思是"执行秘密计划"，"广柑香蕉西红柿"的意思是"星期三的胜利属于我们"，那么"大鸭梨"的意思是 _____

(a) 秘密   (b) 星期三   (c) 进攻   (d) 执行   (e) 计划

(19) 五个答案中哪一个是最好的类比？

爱对于恨相当于英勇对于 _____

(a) 士气   (b) 安全   (c) 怯懦   (d) 愤怒   (e) 恐怖

(20) 一本书的价格降低了 50%。现在，如果按原价出售，提高了百分之几 _____

(a) 25%   (b) 50%   (c) 75%   (d) 100%   (e) 200%

(21) 五个答案中哪一个是最好的类比？

(a) 　　(b) 　　(c) 　　(d) 　　(e)

(22) 找出与众不同的一个 _____

(a) 南瓜　　(b) 葡萄　　(c) 黄瓜　　(d) 玉米　　(e) 豌豆

(23) 五个答案中哪个是最好的类比？

水对于龙头相当于电对于 _____

(a) 光线　　(b) 开关　　(c) 电话　　(d) 危险　　(e) 电线

(24) 打满水缸要 11 桶水。王林每次只能提 2 桶水，要打满水缸他需要走 _____ 趟？

(a) 5　　(b) 5.5　　(c) 6　　(d) 6.5　　(e) 7

(25) 五个答案中哪个是最好的类比？

(a) 　　(b) 　　(c) 　　(d) 　　(e)

(26) 如果所有的甲都是乙，所有的乙都是丙，那么，一定所有的甲都是丙。这句话是 _____

(a) 对的　　(b) 错的　　(c) 既不对也不错

(27) 下边哪一个盒子是用右边这张硬纸制成的 _____

(a) 　　　　(b)

(c) 　　　　(d)

(28) 小张、小李、小王、小刘共买苹果 144 个。小张买的苹果比小李多 10 个、比小王多 26 个、比小刘多 32 个。小张买了 _____ 个苹果？

(a) 73　　(b) 63　　(c) 53　　(d) 43　　(e) 27

(29) 找出与众不同的一个 _____

(a) 触　　(b) 视　　(c) 听　　(d) 吃　　(e) 嗅

(30) 五个答案中哪个是最好的类比？

女儿对于父亲相当于侄女对于 _____

(a) 侄子　　(b) 表兄　　(c) 叔叔　　(d) 母亲　　(e) 哥哥

(31) 找出与众不同的一个 _____

(a) 　　(b) 　　(c) 　　(d) 　　(e)

(32) 找出下列数字中多余的一个 _____

4　5　8　10　11　16　19　32　36

(33) 五个答案中哪个是最好的类比？

皮对于树相当于鳞对于_____

(a) 鳃　　　(b) 大海　　　(c) 渔夫　　　(d) 鱼　　　(e) 鳍

(34) 找出与众不同的一个_____

(a) 鸡　　　(b) 鸽　　　(c) 鸭　　　(d) 鹤　　　(e) 鹅

(35) 五个答案中哪个是最好的类比？

樱桃对于红相当于牛奶对于_____

(a) 湿　　　(b) 冷　　　(c) 白　　　(d) 甜　　　(e) 熟

(36) 火车守车(车尾)长 6.4 米。机车的长度等于守车的长加上半节车厢的长。车厢长度等于守车长加上机车长。火车的机车、车厢、守车共长_____米？

(a) 25.6　　　(b) 36　　　(c) 51.2　　　(d) 64.4　　　(e) 76.2

(37) 找出与众不同的一个_____

(38) 在括号中填一个字,使这个字与括号外面的字分别组成两个字：古(　　)巴

(39) 哥哥今年 15 岁,他的年龄是妹妹年龄的 3 倍。当哥哥的年龄是妹妹年龄的 2 倍时,哥哥_____岁？

(a) 18　　　(b) 20　　　(c) 24　　　(d) 26　　　(e) 30

(40) 五个答案中哪个是最好的类比？

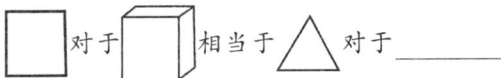

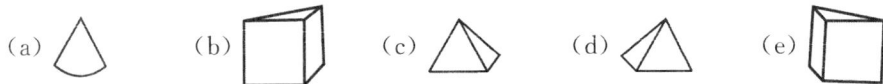

(41) 五个答案中哪个是最好的类比？

角对于元相当于小时对于_____

(a) 分　　　(b) 秒　　　(c) 月　　　(d) 日　　　(e) 钟

(42)五个答案中哪个是最好的类比？

(43) 如果把这个大立方体的六个面都涂上黑色,然后按图中虚线把它切成 36 个小方块,两面有黑色的小方块有_____个？

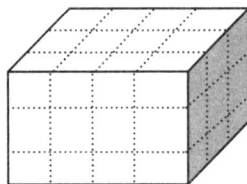

(a) 8　　　(b) 10　　　(c) 12

(d) 16　　　(e) 20

(44) 从(a)(b)(c)(d)中选出一个合适的图案填在下边的问号处_____

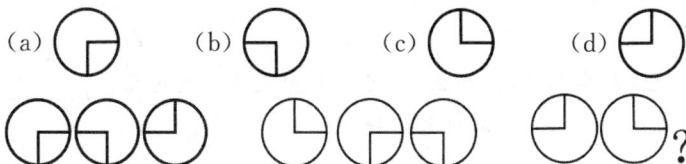

(a) ⊕   (b) ⊕   (c) ⊕   (d) ⊕

⊕ ⊕ ⊕   ⊕ ⊕ ⊕   ⊕ ⊕ ?

(45) 五个答案中哪个是最好的类比？

汽油对于汽车相当于食物对于_____

(a) 嘴   (b) 胃   (c) 吃   (d) 人   (e) 牙

(46) 找出与众不同的一个_____

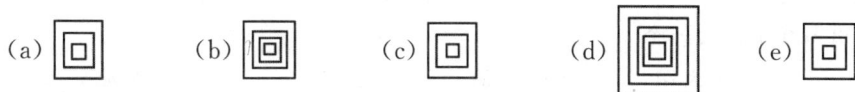

(a) ▣   (b) ▣   (c) ▣   (d) ▣   (e) ▣

(47) 找出与众不同的一个_____

(a) 南昌   (b) 西安   (c) 郑州   (d) 哈尔滨   (e) 昆明

(48) 如果有些甲是乙, 所有的丙都是乙, 那么, 一定有些甲是丙。这句话是_____

(a) 对的   (b) 错的   (c) 既不对与不错

(49) 五个答案中哪一个是最好的类比？

□ 对于 ≋ 相当于 △△△△ 对于_____

(a) △△△   (b) △△△   (c) △△△△   (d) △△△   (e) △△△△

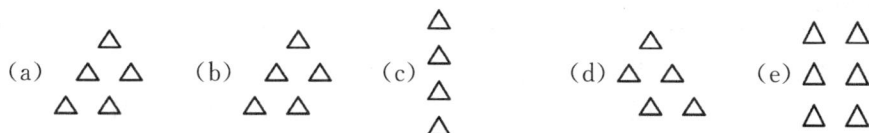

(50) 图中阴影部分占总面的_____

(a) 20%   (b) 25%   (c) 30%

(d) 35%   (e) 40%

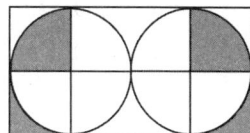

(51) 找出与众不同的一个_____

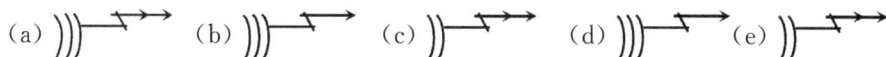

(a)   (b)   (c)   (d)   (e)

(52) 数数有_____个三角形。

(a) 5   (b) 7   (c) 9

(d) 11   (e) 13

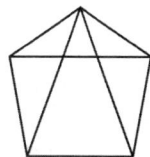

(53) 五个答案中哪一个是最好的类比？

车站对于火车相当于港口对于_____

(a) 起重机   (b) 船坞   (c) 领航员   (d) 轮船   (e) 旅行

(54) 找出与众不同的一个_____

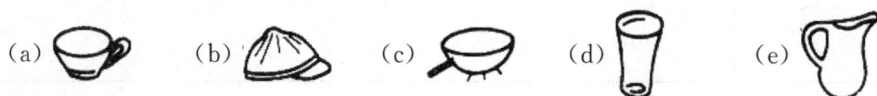

(a)   (b)   (c)   (d)   (e)

(55) 找出与众不同的一个_____

(a) > (b) = (c) + (d) < (e) //

(56) 如果所有的甲都是乙,有些乙是丙,那么,一定有些甲是丙。这句话是_____

(a) 对的 (b) 错的 (c) 既不对与不错

(57) 找出与众不同的一个_____

(a) 画家 (b) 排球运动员 (c) 播音员 (d) 舞蹈演员 (e) 化妆师

(58) 找出与众不同的一个_____

(a) (b) (c) (d) (e)

(59) 找出与众不同的一个_____

(a) 水 (b) 太阳 (c) 汽油 (d) 风 (e) 水泥

(60) (a)(b)(c)(d)(e)(f)哪个放在下面的问号处_____最合适?

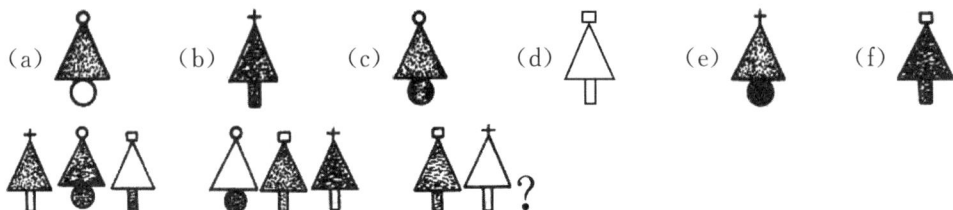

(a) (b) (c) (d) (e) (f)

3. 答题纸

1( )	16( )	31( )	46( )
2( )	17( )	32( )	47( )
3( )	18( )	33( )	48( )
4( )	19( )	34( )	49( )
5( )	20( )	35( )	50( )
6( )	21( )	36( )	51( )
7( )	22( )	37( )	52( )
8( )	23( )	38( )	53( )
9( )	24( )	39( )	54( )
10( )	25( )	40( )	55( )
11( )	26( )	41( )	56( )
12( )	27( )	42( )	57( )
13( )	28( )	43( )	58( )
14( )	29( )	44( )	59( )
15( )	30( )	45( )	60( )

4. 答案

1(c)	16(c)	31(b)	46(b)
2(c)	17(c)	32(11)	47(d)
3(a)	18(c)	33(d)	48(b)
4(c)	19(c)	34(d)	49(e)
5(c)	20(d)	35(c)	50(b)
6(E)	21(e)	36(c)	51(a)
7(d)	22(d)	37(e)	52(d)
8(e)	23(b)	38(月)	53(d)
9(b)	24(c)	39(b)	54(b)
10(a)	25(e)	40(c)	55(c)
11(15)	26(a)	41(d)	56(b)
12(c)	27(c)	42(c)	57(c)
13(d)	28(c)	43(d)	58(a)
14(c)	29(d)	44(a)	59(e)
15(d)	30(c)	45(d)	60(c)

5. 计分

年龄（岁）	11	12	13	14	15	16 岁以上/成人	IQ
	8	10	13	15	17	19	80
	9	11	14	16	18	20	82
	10	12	15	17	19	21	84
	11	13	16	18	20	22	86
	12	14	17	19	21	23	88
	13	15	18	20	22	24	90
正确 答题数	14	16	19	21	23	25	92
	15	17	20	22	24	26	94
	16	18	21	23	25	27	96
	17	19	22	24	26	28	98
	18	20	23	25	27	29	100
	19	21	24	26	28	30	102
	20	22	25	27	29	31	104

续　表

年龄（岁）	11	12	13	14	15	16 岁以上/成人	IQ
	21	23	26	28	30	32	106
	22	24	27	29	31	33	108
	23	25	28	30	32	34	110
	24	26	29	31	33	35	112
	25	27	30	32	34	36	114
	26	28	31	33	35	37	116
	27	29	32	34	36	38	118
	28	30	33	35	37	39	120
	29	31	34	36	38	40	122
	30	32	35	37	39	41	124
	31	33	36	38	40	42	126
	32	34	37	39	41	43	128
正确答题数	33	35	38	40	42	44	130
	34	36	39	41	43	45	132
	35	37	40	42	44	46	134
	36	38	41	43	45	47	136
	37	39	42	44	46	48	138
	38	40	43	45	47	49	140
	39	41	44	46	48	50	142
	40	42	45	47	49	51	144
	41	43	46	48	50	52	146
	42	44	47	49	51	53	148
	43	45	48	50	52	54	150
	44	46	49	51	53	55	154
	45	47	50	52	54	56	158
	46	48	51	53	55	57	160
	47	49	52	54	56	58＋	165＋

【实训步骤】

1. 测试前的指导与准备，发放测试问卷与计分表。
2. 现场问卷测试。
3. 计算测试数据。
4. 了解自己的一般能力水平与智商。
5. 理解实训结果，总结实训过程，完成实训报告。

【实训成绩评定标准】

A：能够熟练掌握测验材料，正确做出测评报告；实训报告内容完整、书写规范，能正确理解实训结果。

B：能够熟练掌握测验材料，正确做出测评报告；实训报告内容比较完整、书写比较规范，基本理解实训结果。

C：能够熟练掌握测验材料，正确做出测评报告；实训报告内容基本完整、书写基本规范，基本理解实训结果。

D：能够熟练掌握测验材料，正确做出测评报告；实训报告内容基本完整、书写规范性较差，不能完全理解实训结果。

E：不能掌握测验材料，不能正确做出测评报告；实训报告内容不完整、书写不规范，不能正确理解实训结果。

实训项目 9：能力倾向测验

【实训目的】

1. 了解职业能力倾向的相关理论。
2. 借助标准化测试，了解自己的职业能力倾向。
3. 掌握一般能力倾向测验在相关人力资源管理环节中的应用。

【实训场地】

开放式实训室

【实训准备】

一、知识储备

- 心理测验的基本知识；
- 能力的相关理论；
- 能力倾向的基本概念；
- 智力测验、能力倾向测验、成就测验三者的区别；
- 招聘选拔中经常测量的一些能力倾向；
- 能力倾向测验对个体职业选择及企业进行人才安置的意义。

二、能力要求

- 课前应充分利用各种资源，通过各种方式掌握学习内容；
- 完成实训任务，按要求的形式完成实训报告。

【实训资料】

职业能力倾向的自我测定

本测验把人的职业能力倾向分为 9 种，每种能力由一组(5 道)题目反映。测验时，请你仔细阅读每一道题，采用"五等评分法"对自己进行评定(见表 9－1)，然后分别计算出自评等级。

表 9-1　职业能力倾向自我测定题

1. 一般学习能力倾向(G)	强1	较强2	一般3	较弱4	弱5
(1) 快而容易地学习新内容					
(2) 快而正确地解数学题					
(3) 你的学习成绩					
(4) 对语文的字、词、段落篇章的理解、分析和综合能力					
(5) 对学习过的知识的记忆能力					
2. 言语能力倾向(V)	强1	较强2	一般3	较弱4	弱5
(1) 善于表达自己的观点					
(2) 阅读速度和理解能力					
(3) 掌握词汇量的程度					
(4) 你的语文成绩					
(5) 你的文学创作能力					
3. 算术能力倾向(N)	强1	较强2	一般3	较弱4	弱5
(1) 做出精确的测量					
(2) 笔算能力					
(3) 口算能力					
(4) 打算盘					
(5) 你的数学成绩					
4. 空间判断能力倾向(S)	强1	较强2	一般3	较弱4	弱5
(1) 解决立体几何方面的习题					
(2) 画三维度的立体图形					
(3) 看几何图形的立体感					
(4) 想象盒子展开后的平面图					
(5) 想象三维度的物体					
5. 形态知觉能力倾向(P)	强1	较强2	一般3	较弱4	弱5
(1) 发现相似图形中的细微差别					
(2) 识别物体的形状差异					
(3) 注意物体的细节部分					
(4) 观察物体的图案是否正确					
(5) 对物体的细微描述					

续 表

6.书写知觉能力倾向（Q）	强 1	较强 2	一般 3	较弱 4	弱 5
(1) 快而准地抄写资料（如姓名、日期、电话号码等）					
(2) 发现错别字					
(3) 发现计算错误					
(4) 能很快地查找编码卡片					
(5) 自我控制能力（如较长时间抄写资料）					
7.眼手运动协调能力倾向（K）	强 1	较强 2	一般 3	较弱 4	弱 5
(1) 玩电子游戏					
(2) 打篮球、排球、足球一类活动					
(3) 打乒乓球、羽毛球					
(4) 打算盘能力					
(5) 打字能力					
8.手指灵巧度（F）	强 1	较强 2	一般 3	较弱 4	弱 5
(1) 灵巧地使用很小的工具					
(2) 穿针眼、编织等使用手指的活动					
(3) 用手指做一件小工艺品					
(4) 使用计算器的灵巧程度					
(5) 弹琴					
9.手腕灵巧度（M）	强 1	较强 2	一般 3	较弱 4	弱 5
(1) 用手把东西分类					
(2) 推拉东西时手的灵活度					
(3) 削水果的快慢					
(4) 灵活地使用手工工具					
(5) 在绘画、雕刻等手工活动中的灵活性					

统计分数的方法：

（1）对每一类能力倾向计算总分数

对每一道题目，我们采取"强""较强""一般""较弱""弱"五个等级，供您自评。每组（5道）题完成后，分别统计各等级选择的次数总和，然后用下面的公式计算出该类的总计次数（把"强"定为第一项，以此类推，"弱"定为第五项；第一项之和就是选"强"的次数和）。

总计次数＝（第一项之和×1）＋（第二项之和×2）＋（第三项之和×3）＋（第四项之和×4）＋（第五项之和×5）

（2）计算每一类能力倾向的自评等级

自评等级＝总计次数/5

（3）将自评等级填入表9-2

表9-2　自评等级结果

职业能力倾向	自评等级	职业能力倾向	自评等级
G		Q	
V		K	
N		F	
S		M	
P			

不同职业类型对应的职业能力倾向的要求也不同，如表9-3所示。

表9-3　职业对人的职业能力倾向的要求

职业类型	职业能力倾向								
	G	V	N	S	P	Q	K	F	M
生物学家	1	1	1	2	2	3	3	2	3
建筑师	1	1	1	1	2	3	3	3	3
测量员	2	2	2	2	2	3	3	3	3
测量辅导员	4	4	4	4	4	4	3	4	3
制图员	2	3	2	2	2	3	2	2	3
建筑和工程技术专家	2	2	2	2	2	3	3	3	3
建筑和工程技术员	2	3	3	3	3	3	3	3	3
物理科学技术专家	2	2	2	2	3	3	3	3	3
物理科学技术员	2	3	3	3	3	3	3	3	3
农业、生物、动物、植物学的技术专家	2	2	2	2	3	3	3	3	3
农业、生物、动物、植物学的技术员	2	3	3	3	2	3	3	3	3
数学家和统计学家	1	1	1	3	3	2	4	4	4
统计分析和计算机程序编造者	2	2	2	2	3	3	4	4	4
经济学家	1	1	1	4	4	2	4	4	4
社会学家、人类学家	1	1	2	2	2	3	4	4	4
心理学家	1	1	3	4	4	3	4	4	4
历史学家	1	1	4	3	3	3	4	4	4

续　表

职业类型	职业能力倾向								
	G	V	N	S	P	Q	K	F	M
哲学家	1	1·	3	2	2	3	4	4	4
政治学家	1	1	3	4	4	3	4	4	4
政治经济学家	2	2	2	3	3	3	3	3	5
社会工作者	2	2	3	4	4	3	4	4	4
社会服务助理人员	3	3	3	4	4	3	4	4	4
法官	1	1	3	4	3	3	4	4	4
律师	1	1	3	4	3	4	4	4	4
公证人	2	2	3	4	3	3	4	4	4
图书馆管理学专家	2	2	3	3	4	2	3	4	4
图书馆、博物馆和档案馆管理员	3	3	3	2	2	4	3	2	3
职业指导者	2	2	3	4	4	3	4	4	4
大学教师	1	1	3	3	2	3	4	4	4
中学教师	2	2	3	4	3	3	4	4	4
小学和幼儿园教师	2	2	3	3	3	3	3	3	3
职业学校教师（职业课）	2	2	2	3	3	3	3	3	3
职业学校教师（普通课）	2	2	3	4	3	3	4	4	4
内、外、牙科医生	1	1	2	1	2	3	2	2	2
兽医学家	1	1	2	1	2	3	2	2	2
护士	2	2	3	3	3	3	3	3	3
护士助手	2	4	4	4	4	2	2	3	2
工业药剂师	2	1	2	3	2	2	3	2	3
医院药剂师	2	2	2	4	9	2	3	2	3
营养学家	2	2	2	3	3	3	4	4	4
配镜师（医）	2	2	2	2	2	3	3	3	3
配镜师（商）	3	3	3	3	3	4	3	2	3
放射科技术人员	3	3	3	3	3	3	3	3	3
药物实训室技术专家	2	2	2	3	2	3	3	2	3
药物实训室技术员	2	3	3	3	3	3	3	3	3
画家、雕刻家	2	3	4	2	2	5	2	1	2

职业类型	职业能力倾向								
	G	V	N	S	P	Q	K	F	M
产品设计和内部装饰者	2	2	3	2	2	4	2	2	3
舞蹈家	2	2	4	3	4	4	4	4	4
演员	2	2	3	4	4	3	4	4	4
电台播音员	2	2	3	2	2	4	2	2	3
作家和编辑	2	1	3	3	3	3	4	4	4
翻译人员	2	1	4	4	4	3	4	4	4
体育教练	2	2	2	4	4	3	4	4	4
运动员	3	3	4	2	3	4	2	2	2
秘书	3	3	3	4	3	2	3	3	3
打字员	3	3	4	4	4	3	3	3	3
会计	3	3	3	4	4	2	3	3	4
出纳	3	3	3	4	4	2	3	3	4
统计员	3	3	2	4	3	2	3	3	4
电话接线员	3	3	4	4	4	3	3	3	3
办公室职员	3	4	3	4	4	3	3	4	4
商业经营管理	2	2	3	4	4	3	4	4	4
售货员	3	3	3	4	4	3	4	4	4
警察	3	3	3	4	3	3	3	4	3
门卫	4	4	5	4	4	4	4	4	4
厨师	4	4	4	4	3	4	3	3	3
招待员	3	3	4	4	4	4	3	4	3
理发员	3	3	4	4	9	4	2	2	2
导游	3	3	4	3	3	5	3	3	3
驾驶员	3	3	3	3	3	3	3	4	3
农民	3	4	4	4	4	4	4	4	4
动物饲养员	3	4	4	4	4	4	4	4	4
渔民	4	4	4	4	4	5	3	4	3
矿工	3	4	4	3	4	5	3	4	3
纺织工人	4	4	4	4	4	5	3	3	3
机床操作工	3	4	4	3	3	4	3	4	3

续　表

职业类型	职业能力倾向								
	G	V	N	S	P	Q	K	F	M
锻工	3	4	4	4	3	4	3	4	3
无线电修理工	3	3	3	3	2	4	3	3	3
细木工	3	3	3	3	3	4	3	4	4
家具木工	3	3	3	3	3	4	3	4	3
一般木工	3	4	4	3	4	4	3	4	3
电工	3	3	3	3	3	4	3	3	3
裁缝	3	3	4	3	3	4	3	2	3

【实训步骤】

1. 测试前的指导与准备,发放测试问卷与计分表;

2. 现场问卷测试;

3. 计算测试数据;

4. 了解自己的职业能力倾向类型;

5. 理解实训结果,总结实训过程,完成实训报告。

【实训成绩评定标准】

A:能够熟练掌握测验材料,正确做出测评报告;实训报告内容完整、书写规范,能正确理解实训结果。

B:能够熟练掌握测验材料,正确做出测评报告;实训报告内容比较完整、书写比较规范,基本理解实训结果。

C:能够熟练掌握测验材料,正确做出测评报告;实训报告内容基本完整、书写基本规范,基本理解实训结果。

D:能够熟练掌握测验材料,正确做出测评报告;实训报告内容基本完整、书写规范性较差,不能完全理解实训结果。

E:不能掌握测验材料,不能正确做出测评报告;实训报告内容不完整、书写不规范,不能正确理解实训结果。

实训项目 10：创造力测验

·

【实训目的】

1. 了解创造力的相关理论。
2. 借助标准化测试，了解自己的创造力水平。
3. 掌握创造力测验在相关人力资源管理环节中的应用。

【实训场地】

开放式实训室

【实训准备】

一、知识储备

- 人员素质测评的基本概念和相关原理；
- 心理测验的基本知识；
- 能力的相关理论；
- 智力的二因素论；
- 创造力与智力、人格之间的逻辑关系；
- 常见的创造力测验：威廉斯创造力测验、吉尔福德创造力测验、托伦斯创造性思维测验；
- 企业人力资源管理的基本概念与知识。

二、能力要求

- 课前应充分利用各种资源，通过各种方式掌握学习内容；
- 完成实训任务，按要求的形式完成实训报告。

【实训资料】

创造力测验

指导语：这项测验一共分成两个部分。第一部分是测验你在一般情况下的创造能力，一共有 6 道题。请记住，每题只能花 2 分钟，题与题之间可以休息一段时间（最好是 15 分钟），当然你也可以把这些题目分几个晚上来回答。全部做完这 6 道题之后，才能开始做第二部分的题目，最后再看分析和得分情况。

第一部分　你的创造力

1. 请你随便想一个字或念头，然后把你紧接着联想到的东西写下来，接着再把那样东西使你联想到的第二个东西写下来，以此类推。你可以充分发挥你的想象力，注意联想，至于这些联想是否有意义则无关紧要。

2. 下面这张图可以代表哪些东西？

3. 请你把你所记得的树的名字写下来。

4. 尽你的想象力，把你所能想到的白色柔软而且能吃的东西的名称写出来。

5. 你能想象出一张褐色的纸有多少种用途吗？

6. 请你尽可能多地写出带有"火"字旁的字。

第二部分　测验你在日常生活中的创造力

1. 如果有人让你去做一件以前从没做过的事，你会（　　　）

（1）拒绝去做

（2）对此十分感兴趣，但又有几分恐惧，从而犹豫不决、拿不定主意

（3）很乐意地去做

2. 当你去朋友家拜访时，发现他家的家具摆设很不合理，看着特别别扭，这时你会（　　　）

（1）对此不发表评论

（2）心想如果这是你的家你会怎样去改变这个屋子的摆设

（3）直抒己见

3. 你对大多数人深信不疑的东西表示怀疑吗？（　　　）

（1）很少

（2）经常

（3）有时候

4. 当你翻到设计标语的比赛的广告时，你会（　　　）

（1）看也不看一眼便把它翻过去了

（2）毫不在意地看一眼

（3）细看其内容，以求对此次比赛的要求有进一步的了解，有时还真想设计些东西来拿去比赛

5. 当你读到有趣的东西时，你会（　　　）

（1）把它牢记在脑子里以供将来使用

（2）看过便忘

（3）把它剪下来或抄在卡片上，并归入应属的类别里

6. 如果让你整个下午照顾一个孩子，而这个孩子又吵着闹着说没劲，你会（　　　）

（1）想出一些有趣的游戏，让他度过一个愉快的下午

（2）让他别吵，一边儿玩去

（3）教他如何找些东西自己去玩

7. 当你自己装配东西，或烧菜时，你会（　　　）

（1）想出一种新的装配方法或做法，而不是按照说明书或食谱上说的去做

（2）严格按照说明书或食谱去做

（3）按照说明书和食谱做了几次以后，就想变个法儿来做

8. 你是否想到要改变你的工作条件？（　　　）

（1）经常

（2）很少

（3）从来不会

9. 如果在第 8 题中你所选择的答案是（1）或（2），那么你会（　　　）

（1）把你的想法藏在心里，绝不告诉别人

（2）把你的想法告诉别人，至于怎么办你的心中还没谱

（3）拟订出一份详细而周密的计划，把它递交给你的上司

10. 如果你看了一部情节古怪的电影，以至于看完整部电影你还不知道它在说些什么，那么你的感觉会是什么样的呢？（　　　）

（1）心里觉得不舒服，非要把它搞清楚不可

（2）对此兴趣极浓，希望能依靠自己想出一个头绪来

（3）虽然觉得不可理解，但事后也就把这件事给忘了

11. 当你的朋友遇到麻烦，让你给出主意时，你会（　　　）

（1）同情地听他讲

（2）心里暗暗想着：如果我是他，我会怎么做呢？但是很少说话

（3）给你的朋友提供建设性的意见

12. 下列表述中最适合你的一句话是（　　　）

（1）我喜欢那种循规蹈矩的安宁生活

（2）我喜欢丰富多彩的带有一定刺激的生活

（3）我喜欢生活中有一点刺激，但又不能太多

13. 如果你的生活发生了变化,如离家出走,迁任新职,结婚或离婚等,这时你会(　　)

(1) 对于凶吉未卜的未来没有信心

(2) 在新环境、新条件下可能会变得比原先更积极

(3) 时而兴奋、时而失望,两种心理交替出现

14. 假如你继承了父母的房产,你会(　　)

(1) 让它维持原来的样子,以留住对他们的回忆

(2) 改变它,使它能适合你的个性和生活习惯

(3) 局部改变,同时使一部分保持原样以纪念他们

15. 如果两个情投意合的人违背传统而发生了性行为,你对此事怎么看?(　　)

(1) 觉得恶心

(2) 他们自有他们的道理

(3) 也许是一件很有趣的事吧

16. 你希望怎样度过你的生日以及某些特殊的周年纪念日?(　　)

(1) 到一家你喜欢的饭店去吃一顿

(2) 在家里安安静静地度过

(3) 到一个没去过的地方玩一圈

17. 假如你迷上了某项实用性很强的工作(如缝纫或种花)但你做得很不顺手。你很可能会(　　)

(1) 厌烦地放弃它

(2) 仍耐着性子做下去

(3) 动脑筋想办法改进自己

18. 当你阅读到世界性的贫困问题时,你会(　　)

(1) 觉得那是没办法的事,人类只能忍受这种艰苦的环境

(2) 虽然感到愤怒和难过,但同时还感到这的确是无能为力的事

(3) 想努力去做点事,贡献出自己的一份微薄的力量

19. 你几乎坠入了情网,但你的朋友和同事们都不赞成你跟那人谈恋爱,你会(　　)

(1) 对他们的话置之不理,我行我素

(2) 仍然继续和那人好,但你对你们的约会会稍作掩饰

(3) 感到不快,慢慢地疏远对方

20. 下面的三种情况你最怕的是(　　)

(1) 无聊

(2) 寂寞

(3) 举棋不定

参考答案

现在请你查看一下后面的评分表,看看你的得分情况,然后把各道题的得分加起来,算出你第二部分的总得分。至于第一部分的评分,请看下面的分析。

第一部分

创造力的本质就是独创性，然而如何来测量这种无从捉摸的、观念性的东西呢？心理学家们经过多年的研究发现，当人们遇到问题时——无论是简单的问题还是复杂的问题，他们都会想出多种办法去解决它，或对它有多种不同的理解，这个数量就能反映出人创造力的高低。换句话说，当你遇到问题时，你想到的解决方案越多，你的创造力也就越高。

1.你所能想到的东西，每个给 1 分，2 分钟之内你能想出多少个就得多少分。如果你的得分低于 10 分，就表明你的创作力偏低；11～12 分，创造力中等；超过 20 分，则表明你的创造力很高。

2.你所能想到的答案一个给 1 分。0～5 分表明你的创造力偏低；6～10 分，创造力中等；10 分以上，则表明你的创造力很高。

3.你所能想到的答案每个给 1 分。0～7 分，创造力偏低；8～15 分，创造力中等；15 分以上，则表明你的创造力很高。

4.每个答案给 1 分。0～5 分，表示创造力偏低；6～10 分，创造力中等；而 10 分以上，则表明你的创造力很高。

5.每个答案给 1 分。要计评分时，必须想想你有多少种反应，以便评估答案的创造性。包东西是一种反应，可是，如果你想到了用那张褐色的纸包多种东西，就应想到你除了用它来包东西外，还可以有别的用途，如用来做成百叶窗，后者显得更富有创造性。每种完全不同的用途可以多给 2 分。0～5 分，表明创造力偏低；6～10 分，创造力中等；10 分以上，则表明创造力高。

6.每个答案给 1 分。0～5 分，表明你的创造力低；6～10 分，创造力中等；10 分以上，表明你的创造力高。

如果你在这六个测验题中的总得分是 0～20，表示你的创造力一般；20～40 分，这是一个较好的中等的分数；40～60 分表明你的创造力较高；70 分或 80 分则表明你的创造力特别高。

第二部分

这一部分是关于你在日常生活中潜在的创造力。得高分的原因可以用下面 7 个问题来概括说明。

1.你接受新经验的能力如何？

2.出于什么原因使你想从环境中获得某种刺激？

3.对于举棋不定或模棱两可的事，你准备忍受到什么时候？

4.你爱冒险吗？

5.对于每一个问题的性质，你可以领悟到什么样的程度？

6.在你的思维过程中你的变通能力如何？

7.你对权威的态度如何？

你的总分应该在 0～40 分之间。10 分以下，表示创造力偏低；11～20 分，属中等；20～30 分，表示创造力高；而 30～40 分，则表示创造力相当高。

第二部分评分表

1. (1) 0 　(2) 1 　(3) 2

2. (1) 0 　(2) 1 　(3) 2

3. (1) 0 　(2) 2 　(3) 1

4. (1) 0 　(2) 1 　(3) 2

5. (1) 1 　(2) 0 　(3) 2

6. (1) 2 　(2) 0 　(3) 1

7. (1) 2 　(2) 0 　(3) 1

8. (1) 2 　(2) 1 　(3) 0

9. (1) 0 　(2) 1 　(3) 2

10. (1) 0 　(2) 2 　(3) 1

11. (1) 0 　(2) 1 　(3) 2

12. (1) 0 　(2) 2 　(3) 1

13. (1) 0 　(2) 2 　(3) 1

14. (1) 0 　(2) 2 　(3) 1

15. (1) 0 　(2) 2 　(3) 1

16. (1) 1 　(2) 0 　(3) 2

17. (1) 0 　(2) 1 　(3) 2

18. (1) 0 　(2) 1 　(3) 2

19. (1) 2 　(2) 1 　(3) 0

20. (1) 2 　(2) 1 　(3) 0

【实训步骤】

1. 测试前的指导与准备,发放测试问卷与计分表;

2. 现场问卷测试;

3. 计算测试数据;

4. 根据实训材料,完成创造力测验的自我测评,了解自己的创造力水平;

5. 理解实训结果,总结实训过程,完成实训报告。

【实训成绩评定标准】

A:能够熟练掌握测验材料,正确做出测评报告;实训报告内容完整、书写规范,能正确理解实训结果。

B:能够熟练掌握测验材料,正确做出测评报告;实训报告内容比较完整、书写比较规范,基本理解实训结果。

C：能够熟练掌握测验材料，正确做出测评报告；实训报告内容基本完整、书写基本规范，基本理解实训结果。

D：能够熟练掌握测验材料，正确做出测评报告；实训报告内容基本完整、书写规范性较差，不能完全理解实训结果。

E：不能掌握测验材料，不能正确做出测评报告；实训报告内容不完整、书写不规范，不能正确理解实训结果。

实训项目 11：职业价值观测验

【实训目的】

1. 了解职业价值观的相关理论,掌握分析职业价值观的方法。
2. 借助标准化测试,了解自己的职业价值观。
3. 在相关的人力资源管理环节中运用职业价值观测验。

【实训场地】

开放式实训室

【实训准备】

一、知识储备

- 人员素质测评的基本概念和相关原理;
- 心理测验的基本知识;
- 职业锚、职业价值观相关理论;
- 企业人力资源管理的基本概念与知识。

二、能力要求

- 课前应充分利用各种资源,通过各种方式掌握学习内容;
- 完成实训任务,按要求的形式完成实训报告。

【实训资料】

职业价值观测验

指导语

本测验的目的是了解你的社会偏好。人的社会偏好无好坏之分,只存在与个人所处的环境是否适宜的问题。如果你想在这方面对自己加强了解，希望你在回答问卷时能如实地表述自己的观点。

　　本问卷共有52个题目，请你根据自己的真实想法，对这些陈述的重要性进行评价,5表示你认为非常重要,4表示比较重要,3表示一般重要,2表示较不重要,1表示很不重要。

　　1. 你的工作必须经常解决新的问题。

　　2. 你的工作能为社会福利带来看得见的效果。

　　3. 你的工作奖金很高。

　　4. 你的工作内容经常变换。

　　5. 你能在你的工作范围内自由发挥。

　　6. 你的工作能使你的同学、朋友非常羡慕你。

　　7. 你的工作带有艺术性。

　　8. 你的工作能使人感觉到你是团体中的一分子。

　　9. 不论表现如何，你总能和大多数人一样晋级、加薪。

　　10. 你的工作使你有可能经常变换工作地点、工作场所或工作方式。

　　11. 在工作中你能接触到各种不同的人。

　　12. 你的工作上下班时间比较随便、自由。

　　13. 你的工作使你有不断取得成功的感觉。

　　14. 你的工作赋予你高于别人的权力。

　　15. 在工作中，你能实行一些自己的新想法。

　　16. 在工作中，你不会因身体、能力等因素,被人瞧不起。

　　17. 你能从工作的成果中,知道自己做得不错。

　　18. 你的工作经常要外出、参加各种集会和活动。

　　19. 只要你干上这份工作，就不会再被调到其他意想不到的单位或工种上去。

　　20. 你的工作能使你的世界更美丽。

　　21. 在你的工作中，不会有人常来打扰你。

　　22. 只要努力，你的工资会高于其他同龄人，升迁或加薪的可能性比干其他工作大得多。

　　23. 你的工作是一项对智力的挑战。

　　24. 你的工作要求你把一些事务管理得井井有条。

　　25. 你的工作单位有舒适的休息室、更衣室及其他设备。

　　26. 你的工作有可能使你结识各行各业的知名人物。

　　27. 在你的工作中，能和同事建立良好的关系。

　　28. 在别人的眼中，你的工作是很重要的。

　　29. 在工作中你经常接触到新鲜的事物。

　　30. 你的工作使你能常常帮助别人。

　　31. 你在工作单位中,有可能经常变换工种。

　　32. 你的作风使你被别人尊重。

33. 你工作单位的同事和领导人品较好,相处比较随便。

34. 你的工作会使许多人认识你。

35. 你的工作场所很好,比如有合适的灯光,舒适的座椅,安静、清洁的环境,宽敞的工作空间甚至恒温等优越的条件。

36. 在工作中,你为他人服务,使他人感到很满意,你自己也就很高兴。

37. 你的工作需要计划和组织别人的工作。

38. 你的工作需要敏锐的思考。

39. 你的工作可以使你获得较多的额外收入,如常发实物、常购买打折扣的商品、常发商品的提货券、有机会购买进口货等。

40. 在工作中你是不受别人差遣的。

41. 你的工作结果应该是一种艺术品而不是一般的产品。

42. 在工作中不必担心会因为所做的事情让领导不满意而受到训斥或经济惩罚。

43. 你在工作中能和领导有融洽的关系。

44. 你可以看见你努力工作的成果。

45. 在工作中常常要你提出许多新的想法。

46. 由于你的工作,经常有许多人来感谢你。

47. 你的工作成果常常能得到上级、同事或社会的肯定。

48. 在工作中,你可能做一个负责人,虽然可能只领导很少几个人,但你信奉"宁做兵头,不做将尾"的俗语。

49. 你从事的工作,经常在报刊、电视中被提到,因而在人们的心目中很有地位。

50. 你的工作有数量可观的夜班费、加班费、保健费或营养费等。

51. 你的工作体力上比较轻松,精神上也不紧张。

52. 你的工作需要和电影、电视、戏剧、音乐、美术、文学等艺术打交道。

评价方法

请按以下题号统计分数(各小题分数加到一起),并找出分数最高的三项和最低的三项,参照后面的 13 种价值观类型的含义进行解释。

1.(2,30,36,46)   2.(7,20,41,52)

3.(1,23,38,45)   4.(13,17,44,47)

5.(5,15,21,40)   6.(6,28,32,49)

7.(14,24,37,48)   8.(3,22,39,50)

9.(11,18,26,34)   10.(9,16,19,42)

11.(12,25,35,51)   12.(8,27,33,43)

13.(4,10,29,31)

得分最高的三项:_____、_____、_____

得分最低的三项:_____、_____、_____

该测验将人的职业价值观划分为 13 种类型,各类型的基本含义如下。

（1）利他主义：总是为他人着想，把直接为大众谋幸福和利益作为自己的追求。

（2）审美主义：能不断地追求美的东西，得到美感的享受。

（3）智力刺激：不断进行智力开发、动脑思考、学习和探索新事物，解决新问题。

（4）成就动机：不断创新、不断取得成就、不断得到领导和同事的赞扬或不断实现自己想要做的事。

（5）自主独立：能够充分发挥自己的独立性和主动性，按自己的方式、想法去做，不受他人干扰。

（6）社会地位：所从事的工作在人们的心目中有较高的社会地位，从而使自己得到他人的重视与尊敬。

（7）权利控制：获得对他人或某事的管理权，能指挥和调遣一定范围内的人或事物。

（8）经济报酬：获得优厚的报酬，使自己有足够的财力去获得自己想要的东西，使生活过得较为富足。

（9）社会交往：能和各种人交往，建立比较广泛的社会联系和关系，甚至能和知名人物结识。

（10）社会稳定：希望不管自己能力怎样，在工作中要有一个安稳的局面，不会因为奖金、加薪、调动工作或领导训斥等而经常提心吊胆、心烦意乱。

（11）轻松舒适：希望将工作作为一种消遣、休息或享受的形式，追求比较舒适、轻松、自由、优越的工作条件和环境。

（12）人际关系：希望一起工作的大多数同事和领导人品好，相处在一起感到愉快、自然。

（13）追求新意：希望工作的内容经常变换，使工作和生活显得丰富多彩，不单调枯燥。

【实训步骤】

1. 测试前的指导与准备，发放测试问卷与计分表；
2. 现场问卷测试；
3. 计算测试数据；
4. 确定自己的职业价值观；
5. 理解实训结果，总结实训过程，完成实训报告。

【实训成绩评定标准】

A：能够熟练掌握测验材料，正确做出测评报告；实训报告内容完整、书写规范，能正确理解实训结果。

B：能够熟练掌握测验材料，正确做出测评报告；实训报告内容比较完整、书写比较规范，基本理解实训结果。

C：能够熟练掌握测验材料,正确做出测评报告;实训报告内容基本完整、书写基本规范,基本理解实训结果。

D：能够熟练掌握测验材料,正确做出测评报告;实训报告内容基本完整、书写规范性较差,不能完全理解实训结果。

E：不能掌握测验材料,不能正确做出测评报告;实训报告内容不完整、书写不规范,不能正确理解实训结果。

实训项目 12：成就动机测验

【实训目的】

1. 了解动机相关理论，掌握分析动机的方法。
2. 借助标准化测试，了解自己的成就动机。
3. 在相关的人力资源管理环节中运用成就动机测验。

【实训场地】

开放式实训室

【实训准备】

一、知识储备

- 人员素质测评的基本概念和相关原理；
- 心理测验的基本知识；
- 动机的基本概念及相关理论；
- 企业人力资源管理的基本概念与知识。

二、能力要求

- 课前应充分利用各种资源，通过各种方式掌握学习内容；
- 完成实训任务，按要求的形式完成实训报告。

【实训资料】

成就动机测验

指导语

本问卷一共 30 个题目，每个题目就是一个叙述，请你根据叙述与自己的看法相符的程度做出判断。

　　A. 完全符合　　　　　B. 基本符合　　　　C. 有点符合　　　　D. 完全不符合

1. 我喜欢对我没有把握解决的问题坚持不懈地努力。

2. 我喜欢新奇的、有难度的任务,甚至不惜冒风险。

3. 给我的任务即使有充裕的时间,我也喜欢立即开始工作。

4. 面临我没有把握克服的困难时,我会非常兴奋、快乐。

5. 我会被那些能了解自己有多大才智的工作所吸引。

6. 我会被有难度的工作所吸引。

7. 面临能测量我能力的机会,我感到是一种鞭策和挑战。

8. 我在完成有难度的任务时,感到快乐。

9. 对于困难的活动,即使没有什么意义,我也很容易卷进去。

10. 能够测量我能力的机会,对我是有吸引力的。

11. 我希望把有困难的工作分配给我。

12. 我喜欢尽了最大努力才能完成的工作。

13. 如果有些事不能立刻理解,我会很快对它产生兴趣。

14. 那些我不能确定能否成功的工作,最能吸引我。

15. 对我来说,重要的是做有困难的事,即使无人知道也无关紧要。

16. 我讨厌在完全不能确定会不会失败的情景中工作。

17. 我在结果不明的情况下会担心失败。

18. 在完成我认为是困难的任务时,我担心失败。

19. 一想到要去做那些新奇的、有难度的工作,我就感到不安。

20. 我不喜欢那些测量我能力的场面。

21. 我对那些没有把握胜任的工作感到忧虑。

22. 我不喜欢做我不知道能否完成的事,即使别人不知道也一样。

23. 在那些测量能力的情景中,我感到不安。

24. 对需要有特定机会才能解决的问题,我会害怕失败。

25. 那些看起来相当困难的事,我做时很担心。

26. 我不喜欢在不熟悉的环境下工作,即使无人知道也一样。

27. 如果有困难的工作要做,我希望不要分配给我。

28. 我不希望做那些要发挥我能力的工作。

29. 我不喜欢做那些我不知道我能否胜任的事。

30. 当我遇到我不能立即弄懂的问题,我会焦虑不安。

计分方法

每题选 A 计 4 分,选 B 计 3 分,选 C 计 2 分,选 D 计 1 分。

第 1～15 题的总分记为 M_s(成就动机),第 16～30 题的总分记为 M_{af}(害怕失败)。M_s —M_{af}＞0 时,分值越高,成就动机越高;当 M_s —M_{af}＝0 时,成就动机和害怕失败相当;当

$M_s - M_{af} < 0$ 时，分值越低（负数），成就动机越低。

分数解释

成就动机是指在面对任务情景时，面向高标准，设置具有挑战性的工作目标，并为实现这一目标进行艰苦努力，希望获得优秀成绩的欲望。

各分数段相应解释如下。

$M_s - M_{af} < 0$：成就动机弱。通常不愿意面对挑战性的任务，不喜欢参加与他人竞争的活动，工作中可能会表现得比较保守。在具体活动中不大愿意承担责任，出现问题时，可能会喜欢抱怨他人，回避问题，听之任之。

$M_s - M_{af} = 0$：成就动机中等。有时愿意承担具有一定难度的任务，并能承担一定的责任。

$M_s - M_{af} > 0$：成就动机强。有追求成功的强烈愿望，喜欢挑战性的任务，愿意为自己设置高目标，肯冒风险，喜欢尝试新事物，希望在竞争中获胜。活动过程中积极主动，愿意承担责任。

【实训步骤】

1. 测试前的指导与准备，发放测试问卷与计分表；
2. 现场问卷测试；
3. 计算测试数据；
4. 根据实训材料，完成成就动机测验的自我测评；
5. 理解实训结果，总结实训过程，完成实训报告。

【实训成绩评定标准】

A：能够熟练掌握测验材料，正确做出测评报告；实训报告内容完整、书写规范，能正确理解实训结果。

B：能够熟练掌握测验材料，正确做出测评报告；实训报告内容比较完整、书写比较规范，基本理解实训结果。

C：能够熟练掌握测验材料，正确做出测评报告；实训报告内容基本完整、书写基本规范，基本理解实训结果。

D：能够熟练掌握测验材料，正确做出测评报告；实训报告内容基本完整、书写规范性较差，不能完全理解实训结果。

E：不能掌握测验材料，不能正确做出测评报告；实训报告内容不完整、书写不规范，不能正确理解实训结果。

实训项目 13：职业兴趣测验

【实训目的】

1. 了解职业兴趣在人才测评中的意义。
2. 能够阐述霍兰德理论的基本内容，并说明六种职业兴趣的主要特征。
3. 借助标准化测试，了解自己的职业兴趣。
4. 在相关的人力资源管理环节中运用职业兴趣测验。

【实训场地】

开放式实训室

【实训准备】

一、知识储备

- 人员素质测评的基本概念和相关原理；
- 心理测验的基本知识；
- 职业兴趣的基本概念及相关理论；
- 企业人力资源管理的基本概念与知识。

二、能力要求

- 课前应充分利用各种资源，通过各种方式掌握学习内容；
- 完成实训任务，按要求的形式完成实训报告。

【实训资料】

霍兰德职业倾向测验量表

本测验量表将帮助您发现和确定自己的职业兴趣和能力特长，从而更好地做出求职择业的决策。如果您已经考虑好或选择好了自己的职业，本测验将使您的这种考虑或选择具有理论基础，或向您展示其他合适的职业；如果您至今尚未确定职业方向，本测验将帮助您根据自己的情况选择一个恰当的职业目标。本测验共有六个部分，每部分测验都没有时间限制，但请您尽快按要求完成。

第一部分　您心目中的理想职业或专业

对于未来的职业生涯（或升学进修的专业），您得早有考虑，它可能很抽象、很朦胧，也可能很具体、很清晰。不论是哪种情况，现在都请您把自己最想干的三种工作或最想读的三种专业，按顺序写下来。

职业一＿＿＿＿＿＿＿＿＿＿＿＿＿＿＿＿＿＿＿＿＿＿＿＿＿＿＿＿＿＿＿＿＿＿＿

职业二＿＿＿＿＿＿＿＿＿＿＿＿＿＿＿＿＿＿＿＿＿＿＿＿＿＿＿＿＿＿＿＿＿＿＿

职业三＿＿＿＿＿＿＿＿＿＿＿＿＿＿＿＿＿＿＿＿＿＿＿＿＿＿＿＿＿＿＿＿＿＿＿

第二部分　您所感兴趣的活动

下面列举了若干种活动，请就这些活动判断你的好恶。

1. 请在喜欢的活动后面"是"栏里打"√"，可多选。

2. 请按顺序回答全部问题。

R：实际型活动

1. 装配修配修理电器或玩具	是☐	否☐
2. 修理自行车	是☐	否☐
3. 用木头做东西	是☐	否☐
4. 开汽车或摩托车	是☐	否☐
5. 用机器做东西	是☐	否☐
6. 参加木工技术学习班	是☐	否☐
7. 参加制图描图学习班	是☐	否☐
8. 驾驶卡车或拖拉机	是☐	否☐
9. 参加机械和电气班学习	是☐	否☐
10. 装配修理机器	是☐	否☐

统计"是"一栏得分计＿＿＿＿＿＿

A：艺术型活动

1. 素描或制图或绘画	是☐	否☐
2. 参加话剧或戏剧	是☐	否☐
3. 设计家具或布置室内	是☐	否☐
4. 练习乐器或参加乐队	是☐	否☐
5. 欣赏音乐或戏剧	是☐	否☐
6. 看小说或读剧本	是☐	否☐
7. 从事摄影创作	是☐	否☐
8. 写诗或吟诗	是☐	否☐

9. 进行艺术(美术/音乐)培训   是□   否□

10. 练习书法   是□   否□

统计"是"一栏得分计 _____

I: 调查型活动

1. 读科技图书和杂志   是□   否□

2. 在实训室工作   是□   否□

3. 改良水果品种,培育新的水果   是□   否□

4. 调查了解土壤和金属等物质的成分   是□   否□

5. 研究自己选择的特殊问题   是□   否□

6. 解算术或玩数学游戏   是□   否□

7. 物理课   是□   否□

8. 化学课   是□   否□

9. 几何课   是□   否□

10. 生物课   是□   否□

统计"是"一栏得分计 _____

S: 社会型活动

1. 学校或单位组织的正式活动   是□   否□

2. 参加某个社会团体或俱乐部的活动   是□   否□

3. 帮助别人解决困难   是□   否□

4. 照顾儿童   是□   否□

5. 出席晚会、联欢会、茶话会   是□   否□

6. 和大家一起出去郊游   是□   否□

7. 想获得关于心理学方面的知识   是□   否□

8. 参加讲座或辩论会   是□   否□

9. 观看或参加体育比赛和运动会   是□   否□

10. 结交新朋友   是□   否□

统计"是"一栏得分计 _____

E: 企业型活动

1. 说服鼓动他人   是□   否□

2. 卖东西   是□   否□

3. 谈论政治   是□   否□

4. 制订计划,参加会议   是□   否□

5. 以自己的意志影响别人的行为   是□   否□

6. 在社会团体中担任职务   是□   否□

7. 检查与评价别人的工作   是□   否□

8. 结交社会名人   是□   否□

9. 指导团体活动　　　　　　　　　　　　　　　　是☐　　否☐

10. 参与政治活动　　　　　　　　　　　　　　　　是☐　　否☐

统计"是"一栏得分计＿＿＿＿＿＿

C：常规型活动

1. 整理好桌面和房间　　　　　　　　　　　　　　是☐　　否☐

2. 抄写文件和信件　　　　　　　　　　　　　　　是☐　　否☐

3. 为领导写报告或公务信函　　　　　　　　　　　是☐　　否☐

4. 检查个人收支情况　　　　　　　　　　　　　　是☐　　否☐

5. 打字培训班　　　　　　　　　　　　　　　　　是☐　　否☐

6. 参加算盘、文秘等实务培训　　　　　　　　　　是☐　　否☐

7. 参加商业会计培训班　　　　　　　　　　　　　是☐　　否☐

8. 参加情报处理培训班　　　　　　　　　　　　　是☐　　否☐

9. 整理信件、报告、记录等　　　　　　　　　　　是☐　　否☐

10. 写商业贸易信　　　　　　　　　　　　　　　　是☐　　否☐

统计"是"一栏得分计＿＿＿＿＿＿

第三部分　您所擅长或胜任的活动

下面列举了若干种活动,其中你能做或大概能做的事,请在"是"栏目里打"√";你不擅长的,请在"否"栏目里打"×"。请回答全部问题。

R：现实型活动

1. 能使用电锯、电钻和锉刀等木工工具　　　　　　是☐　　否☐

2. 知道万用表的使用方法　　　　　　　　　　　　是☐　　否☐

3. 能够修理自行车或其他机械　　　　　　　　　　是☐　　否☐

4. 能够使用电钻床、磨床或缝纫机　　　　　　　　是☐　　否☐

5. 能给家具和木制品刷漆　　　　　　　　　　　　是☐　　否☐

6. 能看懂建筑等设计图　　　　　　　　　　　　　是☐　　否☐

7. 能够修理简单的电气用品　　　　　　　　　　　是☐　　否☐

8. 能修理家具　　　　　　　　　　　　　　　　　是☐　　否☐

9. 能修理收录机　　　　　　　　　　　　　　　　是☐　　否☐

10. 能简单地修理水管　　　　　　　　　　　　　　是☐　　否☐

统计"是"一栏得分计＿＿＿＿＿＿

A：艺术型能力

1. 能演奏乐器　　　　　　　　　　　　　　　　　是☐　　否☐

2. 能参加二部或四部合唱　　　　　　　　　　　　是☐　　否☐

3. 独唱或独奏　　　　　　　　　　　　　　　　　是☐　　否☐

4. 扮演剧中角色　　　　　　　　　　　　　　　　是☐　　否☐

5. 能创作简单的乐曲　　　　　　　　　　　　　　是☐　　否☐

6. 会跳舞   是□   否□

7. 能绘画、素描或书法   是□   否□

8. 能雕刻、剪纸或泥塑   是□   否□

9. 能设计板报、服装或家具   是□   否□

10. 写得一手好文章   是□   否□

统计"是"一栏得分计 _____

I：调研型活动

1. 懂得真空管或晶体管的作用   是□   否□

2. 能够列举三种含蛋白质多的食品   是□   否□

3. 理解铀的裂变   是□   否□

4. 能用计算尺、计算器   是□   否□

5. 会使用显微镜   是□   否□

6. 能找到三个星座   是□   否□

7. 能独立进行调查研究   是□   否□

8. 能解释简单的化学式   是□   否□

9. 理解人造卫星为什么不落地   是□   否□

10. 经常参加学术会议   是□   否□

统计"是"一栏得分计 _____

S：社会型能力

1. 有向各种人说明解释的能力   是□   否□

2. 常参加社会福利活动   是□   否□

3. 能和大家一起友好地相处工作   是□   否□

4. 善于与年长者相处   是□   否□

5. 会邀请人、招待人   是□   否□

6. 能简单易懂地教育儿童   是□   否□

7. 能安排会议等活动程序   是□   否□

8. 善于体察人心和帮助他人   是□   否□

9. 帮助护理病人或伤员   是□   否□

10. 安排社团组织的各种事务   是□   否□

统计"是"一栏得分计 _____

E：事业型活动

1. 担任过学生干部并且干得不错   是□   否□

2. 工作上能指导和监督他人   是□   否□

3. 做事充满活力和热情   是□   否□

4. 有效地用自身的做法调动他人   是□   否□

5. 销售能力强   是□   否□

6. 曾作为俱乐部或社团的负责人　　　　　　　　是☐　　否☐

7. 向领导提出建议或反映意见　　　　　　　　是☐　　否☐

8. 有开创事业的能力　　　　　　　　　　　　是☐　　否☐

9. 知道怎样做能成为一个优秀的领导者　　　　是☐　　否☐

10. 健谈善辩　　　　　　　　　　　　　　　　是☐　　否☐

统计"是"一栏得分计 _____

C：常规型能力

1. 会熟练地打印中文　　　　　　　　　　　　是☐　　否☐

2. 会用外文打字机或复印机　　　　　　　　　是☐　　否☐

3. 能快速记笔记和抄写文章　　　　　　　　　是☐　　否☐

4. 善于整理保管文件和资料　　　　　　　　　是☐　　否☐

5. 善于从事事务性的工作　　　　　　　　　　是☐　　否☐

6. 会用算盘　　　　　　　　　　　　　　　　是☐　　否☐

7. 能在短时间内分类和处理大量文件　　　　　是☐　　否☐

8. 能使用计算机　　　　　　　　　　　　　　是☐　　否☐

9. 能搜集数据　　　　　　　　　　　　　　　是☐　　否☐

10. 善于为自己或集体做财务预算表　　　　　　是☐　　否☐

统计"是"一栏得分计 _____

第四部分　您所喜好的职业

下面列举了多种职业,请逐一认真地看,如果是你有兴趣的工作,请在"是"栏里打"√"；如果是你不太喜欢、不关心的工作,请在"否"里打"×"。请回答全部问题。

R：实际型活动

1. 飞机机械师　　　　　　　　　　　　　　　是☐　　否☐

2. 野生动物专家　　　　　　　　　　　　　　是☐　　否☐

3. 汽车维修工　　　　　　　　　　　　　　　是☐　　否☐

4. 木匠　　　　　　　　　　　　　　　　　　是☐　　否☐

5. 测量工程师　　　　　　　　　　　　　　　是☐　　否☐

6. 无线电报务员　　　　　　　　　　　　　　是☐　　否☐

7. 园艺师　　　　　　　　　　　　　　　　　是☐　　否☐

8. 长途公共汽车司机　　　　　　　　　　　　是☐　　否☐

9. 火车司机　　　　　　　　　　　　　　　　是☐　　否☐

10. 电工　　　　　　　　　　　　　　　　　　是☐　　否☐

统计"是"一栏得分计 _____

S：社会型职业

1. 街道、工会或妇联干部　　　　　　　　　　是☐　　否☐

2. 小学、中学教师　　　　　　　　　　　　　是☐　　否☐

3. 精神病医生   是□   否□

4. 婚姻介绍所工作人员   是□   否□

5. 体育教练   是□   否□

6. 福利机构负责人   是□   否□

7. 心理咨询员   是□   否□

8. 青年干部   是□   否□

9. 导游   是□   否□

10. 政府工作人员   是□   否□

统计"是"一栏得分计 _____

I：调研型职业

1. 气象学或天文学者   是□   否□

2. 生物学者   是□   否□

3. 医学实训室的技术人员   是□   否□

4. 人类学者   是□   否□

5. 动物学者   是□   否□

6. 化学学者   是□   否□

7. 数学学者   是□   否□

8. 科学杂志的编辑或作家   是□   否□

9. 地质学者   是□   否□

10. 物理学者   是□   否□

统计"是"一栏得分计 _____

E：事业型职业

1. 厂长   是□   否□

2. 电视片编制人   是□   否□

3. 公司经理   是□   否□

4. 销售员   是□   否□

5. 不动产推销员   是□   否□

6. 广告部长   是□   否□

7. 体育活动主办者   是□   否□

8. 销售部长   是□   否□

9. 个体工商业者   是□   否□

10. 企业管理咨询人员   是□   否□

统计"是"一栏得分计 _____

A：艺术型职业

1. 乐队指挥   是□   否□

2. 演奏家   是□   否□

3. 作家   是□   否□

4. 摄影家   是□   否□

5. 记者   是□   否□

6. 画家、书法家   是□   否□

7. 歌唱家   是□   否□

8. 作曲家   是□   否□

9. 电影电视演员   是□   否□

10. 节目主持人   是□   否□

统计"是"一栏得分计_____

C：常规性职业

1. 会计师   是□   否□

2. 银行出纳员   是□   否□

3. 税收管理员   是□   否□

4. 计算机操作员   是□   否□

5. 簿记人员   是□   否□

6. 成本核算员   是□   否□

7. 文书档案管理员   是□   否□

8. 打字员   是□   否□

9. 法庭书记员   是□   否□

10. 人口普查登记员   是□   否□

统计"是"一栏得分计_____

第五部分　统计和确定您的职业倾向

请将第二部分至第四部分的全部测验分数按前面已统计好的 6 种职业倾向（R 型、I 型、A 型、S 型、E 型和 C 型）得分填入下表，并纵向累加。

测试	R 型	I 型	A 型	S 型	E 型	C 型
第二部分 您所感兴趣的活动						
第三部分 您所擅长的活动						
第四部分 您所喜欢的职业						
总分						

请将上表中的 6 种职业倾向总分按大小顺序依次从左至右排列：

_____   _____   _____   _____   _____   _____

您的职业倾向性：

最高分_____   最低分_____

【实训步骤】

1. 测试前的指导与准备,发放测试问卷与计分表;
2. 现场问卷测试;
3. 计算测试数据;
4. 根据实训材料,完成职业兴趣测验的自我测评;
5. 理解实训结果,总结实训过程,完成实训报告。

【实训成绩评定标准】

A:能够熟练掌握测验材料,正确做出测评报告;实训报告内容完整、书写规范,能正确理解实训结果。

B:能够熟练掌握测验材料,正确做出测评报告;实训报告内容比较完整、书写比较规范,基本理解实训结果。

C:能够熟练掌握测验材料,正确做出测评报告;实训报告内容基本完整、书写基本规范,基本理解实训结果。

D:能够熟练掌握测验材料,正确做出测评报告;实训报告内容基本完整、书写规范性较差,不能完全理解实训结果。

E:不能掌握测验材料,不能正确做出测评报告;实训报告内容不完整、书写不规范,不能正确理解实训结果。

实训项目 14：性格测评

【实训目的】

1. 掌握性格的定义。
2. 借助标准化测试,了解自己的性格特点。
3. 在相关的人力资源管理环节中运用性格测验。

【实训场地】

开放式实训室

【实训准备】

一、知识储备

- 人员素质测评的基本概念和相关原理；
- 心理测验的基本知识；
- 性格的基本概念及相关理论；
- 企业人力资源管理的基本概念与知识。

二、能力要求

- 课前应充分利用各种资源,通过各种方式掌握学习内容；
- 完成实训任务,按要求的形式完成实训报告。

【实训资料】

性格测试

1. 性格测评表

说明：在以下各行的词语中,用"√"在最合适的词前作记号。要做完 40 题,不要漏掉任何一题。若你不能肯定哪个是"最合适",请回忆一下你在18岁以前的行为特点,再确定哪个该是答案。

(1) —— ☐ 富于冒险	☐ 适应力强	☐ 生动	☐ 善于分析
(2) —— ☐ 乏味	☐ 怵惕	☐ 露骨	☐ 专横
(3) —— ☐ 坚持不懈	☐ 喜好娱乐	☐ 善于说服	☐ 平和
(4) —— ☐ 散漫	☐ 无同情心	☐ 缺乏热情	☐ 不宽恕
(5) —— ☐ 顺服	☐ 自我牺牲	☐ 善于社交	☐ 意志坚定
(6) —— ☐ 保留	☐ 怨恨	☐ 逆反	☐ 唠叨
(7) —— ☐ 体贴	☐ 自控性	☐ 竞争性	☐ 令人信服
(8) —— ☐ 挑剔	☐ 胆小	☐ 健忘	☐ 率直
(9) —— ☐ 使人振作	☐ 受尊重	☐ 含蓄	☐ 反应敏捷
(10) —— ☐ 急躁	☐ 无安全感	☐ 优柔寡断	☐ 好插嘴
(11) —— ☐ 满足	☐ 敏感	☐ 自立	☐ 生机勃勃
(12) —— ☐ 不受欢迎	☐ 不合群	☐ 难预测	☐ 不善表达
(13) —— ☐ 计划者	☐ 耐性	☐ 积极	☐ 推动者
(14) —— ☐ 固执	☐ 即兴	☐ 难于取悦	☐ 犹豫不决
(15) —— ☐ 肯定	☐ 无拘无束	☐ 按部就班	☐ 羞涩
(16) —— ☐ 贫乏	☐ 悲观	☐ 自负	☐ 放任
(17) —— ☐ 井井有条	☐ 迁就	☐ 坦率	☐ 乐观
(18) —— ☐ 易怒	☐ 无目标	☐ 好争吵	☐ 不合群
(19) —— ☐ 友善	☐ 忠诚	☐ 有趣	☐ 强迫性
(20) —— ☐ 幼稚	☐ 消极	☐ 鲁莽	☐ 冷漠
(21) —— ☐ 勇敢	☐ 可爱	☐ 外交手腕	☐ 细节
(22) —— ☐ 担忧	☐ 不善交际	☐ 工作狂	☐ 虚荣
(23) —— ☐ 令人高兴	☐ 贯彻始终	☐ 文化修养	☐ 自信
(24) —— ☐ 过分敏感	☐ 不圆滑老练	☐ 胆怯	☐ 喋喋不休
(25) —— ☐ 理想主义	☐ 独立	☐ 无攻击性	☐ 激励性
(26) —— ☐ 多疑	☐ 生活紊乱	☐ 跋扈	☐ 抑郁
(27) —— ☐ 感情外露	☐ 果断	☐ 尖刻幽默	☐ 深沉
(28) —— ☐ 反复	☐ 内向	☐ 排斥异己	☐ 无异议
(29) —— ☐ 调解者	☐ 音乐性	☐ 发起者	☐ 喜交朋友
(30) —— ☐ 杂乱无章	☐ 情绪化	☐ 言语不清	☐ 喜操纵
(31) —— ☐ 考虑周到	☐ 执着	☐ 多言	☐ 容忍
(32) —— ☐ 缓慢	☐ 顽固	☐ 好表现	☐ 怀疑
(33) —— ☐ 聆听者	☐ 忠心	☐ 领导者	☐ 活力充沛
(34) —— ☐ 孤僻	☐ 统治欲	☐ 懒惰	☐ 大嗓门

(35) ——	☐ 知足	☐ 首领	☐ 制图者	☐ 惹人喜爱
(36) ——	☐ 拖延	☐ 多疑	☐ 易怒	☐ 不专注
(37) ——	☐ 完美主义者	☐ 和气	☐ 勤劳	☐ 受欢迎
(38) ——	☐ 报复型	☐ 烦躁	☐ 勉强	☐ 轻率
(39) ——	☐ 跳跃型	☐ 无畏	☐ 规范性	☐ 平衡
(40) ——	☐ 妥协	☐ 好批评	☐ 狡猾	☐ 善变

2. 性格分析卷

现在将标有"√"符号的选择移到计分卷上，将得分加起来（每个特点计1分）。

	活泼型	力量型	完美型	和平型
(1) ——	☐ 生动	☐ 富于冒险	☐ 善于分析	☐ 适应力强
(2) ——	☐ 露骨	☐ 专横	☐ 忸怩	☐ 乏味
(3) ——	☐ 喜好娱乐	☐ 善于说服	☐ 坚持不懈	☐ 平和
(4) ——	☐ 散漫	☐ 无同情心	☐ 不宽恕	☐ 缺乏热情
(5) ——	☐ 善于社交	☐ 意志坚定	☐ 自我牺牲	☐ 顺服
(6) ——	☐ 唠叨	☐ 逆反	☐ 怨恨	☐ 保留
(7) ——	☐ 令人信服	☐ 竞争性	☐ 体贴	☐ 自控性
(8) ——	☐ 健忘	☐ 率直	☐ 挑剔	☐ 胆小
(9) ——	☐ 使人振作	☐ 反应敏捷	☐ 受尊重	☐ 含蓄
(10) ——	☐ 好插嘴	☐ 急躁	☐ 无安全感	☐ 优柔寡断
(11) ——	☐ 生气勃勃	☐ 自立	☐ 敏感	☐ 满足
(12) ——	☐ 难预测	☐ 不善表达	☐ 不受欢迎	☐ 不合群
(13) ——	☐ 推动者	☐ 积极	☐ 计划者	☐ 耐性
(14) ——	☐ 即兴	☐ 固执	☐ 难于取悦	☐ 犹豫不决
(15) ——	☐ 无拘无束	☐ 肯定	☐ 按部就班	☐ 羞涩
(16) ——	☐ 放任	☐ 自负	☐ 悲观	☐ 贫乏
(17) ——	☐ 乐观	☐ 坦率	☐ 井井有条	☐ 迁就
(18) ——	☐ 易怒	☐ 好争吵	☐ 不合群	☐ 无目标
(19) ——	☐ 有趣	☐ 强迫性	☐ 忠诚	☐ 友善
(20) ——	☐ 幼稚	☐ 鲁莽	☐ 消极	☐ 冷漠
(21) ——	☐ 可爱	☐ 勇敢	☐ 细节	☐ 外交手腕
(22) ——	☐ 虚荣	☐ 工作狂	☐ 不喜交际	☐ 担忧
(23) ——	☐ 令人高兴	☐ 自信	☐ 文化修养	☐ 贯彻始终
(24) ——	☐ 喋喋不休	☐ 不圆滑老练	☐ 过分敏感	☐ 胆怯
(25) ——	☐ 激励性	☐ 独立	☐ 理想主义	☐ 无攻击性
(26) ——	☐ 生活紊乱	☐ 跋扈	☐ 抑郁	☐ 多疑
(27) ——	☐ 感情外露	☐ 果断	☐ 深沉	☐ 尖刻幽默

(28)——	☐ 反复	☐ 排斥异己	☐ 内向	☐ 无异议
(29)——	☐ 喜交朋友	☐ 发起者	☐ 音乐性	☐ 调节者
(30)——	☐ 杂乱无章	☐ 喜操作	☐ 情绪化	☐ 言语不清
(31)——	☐ 多言	☐ 执着	☐ 考虑周到	☐ 容忍
(32)——	☐ 好表现	☐ 顽固	☐ 怀疑	☐ 缓慢
(33)——	☐ 活力充沛	☐ 领导者	☐ 忠心	☐ 聆听者
(34)——	☐ 大嗓门	☐ 统治欲	☐ 孤僻	☐ 懒惰
(35)——	☐ 惹人喜爱	☐ 首领	☐ 制图者	☐ 知足
(36)——	☐ 不专注	☐ 易怒	☐ 多疑	☐ 拖延
(37)——	☐ 受欢迎	☐ 勤劳	☐ 完美主义者	☐ 和气
(38)——	☐ 报复型	☐ 烦躁	☐ 勉强	☐ 轻率
(39)——	☐ 跳跃型	☐ 无畏	☐ 规范型	☐ 平衡
(40)——	☐ 善交	☐ 狡猾	☐ 好批评	☐ 妥协

总分 _____ _____ _____ _____

【实训步骤】

1. 根据实训材料,完成性格测试的自我测评;

2. 理解实训结果,总结实训过程,完成实训报告。

【实训成绩评定标准】

A:能够熟练掌握测验材料,正确做出测评报告;实训报告内容完整、书写规范,能正确理解实训结果。

B:能够熟练掌握测验材料,正确做出测评报告;实训报告内容比较完整、书写比较规范,基本理解实训结果。

C:能够熟练掌握测验材料,正确做出测评报告;实训报告内容基本完整、书写基本规范,基本理解实训结果。

D:能够熟练掌握测验材料,正确做出测评报告;实训报告内容基本完整、书写规范性较差,不能完全理解实训结果。

E:不能掌握测验材料,不能正确做出测评报告;实训报告内容不完整、书写不规范,不能正确理解实训结果。

实训项目 15：气质测评

【实训目的】

1. 掌握气质的定义。
2. 借助标准化测试，了解自己的气质类型。
3. 在相关的人力资源管理环节中运用气质类型测验。

【实训场地】

开放式实训室

【实训准备】

一、知识储备

- 人员素质测评的基本概念和相关原理；
- 心理测验的基本知识；
- 气质的基本概念及相关理论；
- 企业人力资源管理的基本概念与知识。

二、能力要求

- 课前应充分利用各种资源，通过各种方式掌握学习内容；
- 完成实训任务，按要求的形式完成实训报告。

【实训资料】

气质测试量表

序号	测试题目	是	否
1	做事力求稳妥,从来不做无把握的事。	☐	☐
2	遇到可气的事就怒不可遏,想把心里的话说出来才痛快。	☐	☐
3	宁可一个人干事,不愿很多人在一起。	☐	☐
4	到一个新环境很快就能适应。	☐	☐
5	厌恶那些强烈的刺激,如噪声、危险镜头等。	☐	☐
6	和人争吵时,总是先发制人,喜欢挑衅他人。	☐	☐
7	喜欢安静的环境。	☐	☐
8	善于和人交往。	☐	☐
9	羡慕那种善于克制自己的人。	☐	☐
10	生活有规律,很少违反作息制度。	☐	☐
11	在多数情况下情绪总是乐观的。	☐	☐
12	碰到陌生人会觉得很拘束。	☐	☐
13	遇到令人气愤的事,能很好地克制自己。	☐	☐
14	做事总是有旺盛的精力。	☐	☐
15	遇到问题常常举棋不定,优柔寡断。	☐	☐
16	在人群中不觉得过分拘束。	☐	☐
17	情绪高涨时,觉得干什么都有趣;情绪低落时,又觉得干什么都没意思。	☐	☐
18	当注意力集中于一点时,别的事很难使我分心。	☐	☐
19	理解问题总比别人快些。	☐	☐
20	碰到危险情景常有一种极度恐惧感。	☐	☐
21	对学习、工作、事业怀有很高的热情。	☐	☐
22	能够长时间做枯燥、单调的工作。	☐	☐
23	符合兴趣的事情,干劲十足,否则就不想干。	☐	☐
24	一点小事就能引起情绪波动。	☐	☐
25	讨厌做那种需要耐心、细致的工作。	☐	☐
26	与人交往不卑不亢。	☐	☐
27	喜欢参加热闹的活动。	☐	☐
28	喜看感情细腻,描写人物内心活动的文学作品。	☐	☐

序号	测试题目	是	否
29	工作时间长了，常感到厌倦。	☐	☐
30	不喜欢长时间讨论一个问题，愿意实际动手干。	☐	☐
31	宁愿侃侃而谈，不愿窃窃私语。	☐	☐
32	别人说我总是闷闷不乐。	☐	☐
33	理解问题常比别人慢些。	☐	☐
34	疲倦时只要短暂的休息就能精神抖擞，重新投入工作。	☐	☐
35	心里有话宁愿自己想，不愿说出来。	☐	☐
36	认准一个目标就希望尽快实现，不达目的誓不罢休。	☐	☐
37	学习、工作同样长时间，常比别人更疲倦。	☐	☐
38	做事有些莽撞，常常不考虑后果。	☐	☐
39	老师或师傅讲授新知识、新技术时，总希望他讲得慢些，多重复几遍。	☐	☐
40	能够很快地忘记那些不愉快的事情。	☐	☐
41	做作业或完成一件工作总比别人花的时间多。	☐	☐
42	喜欢运动量大的剧烈体育运动或参加各种文体活动。	☐	☐
43	不能很快地把注意力从一件事转移到另一件事上去。	☐	☐
44	接受一个任务后，就希望把它迅速解决。	☐	☐
45	认为墨守成规比冒风险好些。	☐	☐
46	能够同时注意几件事物。	☐	☐
47	当我烦闷的时候，别人很难使我高兴起来。	☐	☐
48	爱看情节起伏跌宕、激动人心的小说。	☐	☐
49	对工作抱认真严谨、始终一贯的态度。	☐	☐
50	和周围人的关系总是相处不好。	☐	☐
51	喜欢复习学过的知识，重复做已经掌握的工作。	☐	☐
52	希望做变化大、花样多的工作。	☐	☐
53	小时候会背的诗歌，我似乎比别人记得更清楚。	☐	☐
54	别人说我"出语伤人"，可我并不觉得是这样。	☐	☐
55	在体育活动中，常因反应慢而落后。	☐	☐
56	反应敏捷，头脑机智。	☐	☐
57	喜欢有条理而不甚麻烦的工作。	☐	☐
58	兴奋的事常使我失眠。	☐	☐
59	老师讲新概念，常常听不懂，但弄懂以后就很难忘记。	☐	☐
60	假如工作枯燥无味，马上就会情绪低落。	☐	☐

记分方法：

把每题得分（"是"计 1 分，"否"计 0 分）按下面的题号相加，并计算各栏的得分。

胆汁质（A）：2　6　9　14　17　21　27　31　36　38　42　48　50　54　58

合计＿＿＿＿＿＿

多血质（B）：4　8　11　16　19　23　25　29　34　40　44　46　52　56　60

合计＿＿＿＿＿＿

黏液质（C）：1　7　10　13　18　22　26　30　33　39　43　45　49　55　57

合计＿＿＿＿＿＿

抑郁质（D）：3　5　12　15　20　24　28　32　35　37　41　47　51　53　59

合计＿＿＿＿＿＿

如 A 栏得分超过 12 分，并明显高于其他三栏（＞4 分），则为典型胆汁质，其余类推。

如 A 栏得分为 8～12 分，并高于其他三栏，则为一般胆汁质，其余类推。

如果某两栏或三栏得分接近（＜3 分），并明显高于其他栏的得分（＞4 分），则为两种或三种气质的混合型。

【实训步骤】

1. 测试前的指导与准备，发放测试问卷与计分表；

2. 现场问卷测试；

3. 计算测试数据；

4. 根据实训材料，完成气质类型测试的自我测评；

5. 理解实训结果，总结实训过程，完成实训报告。

【实训成绩评定标准】

A：能够熟练掌握测验材料，正确做出测评报告；实训报告内容完整、书写规范，能正确理解实训结果。

B：能够熟练掌握测验材料，正确做出测评报告；实训报告内容比较完整、书写比较规范，基本理解实训结果。

C：能够熟练掌握测验材料，正确做出测评报告；实训报告内容基本完整、书写基本规范，基本理解实训结果。

D：能够熟练掌握测验材料，正确做出测评报告；实训报告内容基本完整、书写规范性较差，不能完全理解实训结果。

E：不能掌握测验材料，不能正确做出测评报告；实训报告内容不完整、书写不规范，不能正确理解实训结果。

实训项目 16：卡特尔 16 种人格因素测验

【实训目的】

1. 掌握人格的定义，认识到人格对工作绩效和方式的影响。
2. 掌握 16PF 的基础，知道 16PF 的优点，了解每个维度的释义。
3. 借助标准化测试，了解自己的个性特点。
4. 在相关的人力资源管理环节中运用 16PF 测验。

【实训场地】

开放式实训室

【实训准备】

一、知识储备

- 人员素质测评的基本概念和相关原理；
- 心理测验的基本知识；
- 人格的基本概念及相关理论；
- 企业人力资源管理的基本概念与知识。

二、能力要求

- 课前应充分利用各种资源，通过各种方式掌握学习内容；
- 完成实训任务，按要求的形式完成实训报告。

【实训资料】

卡特尔 16 种人格因素测验

本问卷是为了解你的职业心理类型而设计的，由许多与你自身有关的问题组成。一般来说,题目都略显简短而不能包含所有有关的因素或条件,你的回答应就一般的情形而论。因为每个人的性格各有不同,对某些事物的爱好也各有差异,所以对每道题目的回答并没有正确与错误之分,因此,请你:

1. 不要遗漏,务必对每一道题目都做出回答;

2. 在每一道题的选项上画圈来表示你的选择;

3. 在回答每一道题上不必花费太多时间思考;

4. 通常每分钟可做5～6题,全部问题应在1小时内完成。

本问卷包括一些有关个人兴趣与态度的问题。每个人都有各自的看法,请尽量表达自己的意见。例如:

我喜欢看团体球赛:(A)是的(B)偶然的(C)不是的。你对观看排球赛或篮球赛的爱好可能不同,但你的回答应就一般球赛而论。

又比如:

"女人"与"儿童",犹如"猫"与:(A)小猫(B)狗(C)男童。这种题的答案有对错之分,正确答案应当是"(A)小猫",不过问卷中这一类问题很少。

【测验题】

1. 我很明了本测验的说明:

(A) 是的 　　　　　　　　 (B) 不一定 　　　　　　　　 (C) 不是的

2. 我对本测验的每一个问题,都能做到诚实地回答:

(A) 是的 　　　　　　　　 (B) 不一定 　　　　　　　　 (C) 不同意

3. 如果我有机会的话,我愿意:

(A) 到一个繁华的城市去旅行

(B) 介于(A)、(C) 之间

(C) 游览清静的山区

4. 我有能力应付各种困难:

(A) 是的 　　　　　　　　 (B) 不一定 　　　　　　　　 (C) 不是的

5. 即使是关在铁笼里的猛兽,我见了也会感到惴惴不安:

(A) 是的 　　　　　　　　 (B) 不一定 　　　　　　　　 (C) 不是的

6. 我总是不敢大胆批评别人的言行:

(A) 是的 　　　　　　　　 (B) 有时如此 　　　　　　　 (C) 不是的

7. 我的思想似乎:

(A) 比较先进 　　　　　　 (B) 一般 　　　　　　　　　 (C) 比较保守

8. 我不擅长说笑话、讲有趣的事:

(A) 是的 　　　　　　　　 (B) 介于(A)、(C)之间 　　　　 (C) 不是的

9. 当我见到亲友或邻居争吵时,我总是:

(A) 任其自己解决 　　　　 (B) 介于(A)、(C)之间 　　　　 (C) 予以劝解

10. 在群众集会中，我：

(A) 谈吐自如   (B) 介于(A)、(C)之间   (C) 保持沉默

11. 我愿做一个：

(A) 建筑工程师   (B) 不确定   (C) 社会科学研究者

12. 阅读时，我喜欢选读：

(A) 自然科学书籍   (B) 不确定   (C) 政治理论书籍

13. 我认为很多人都有些心理不正常，只是他们不愿意承认：

(A) 是的   (B) 介于(A)、(C)之间   (C) 不是的

14. 我希望我的爱人擅长交际，无须具有文艺才能：

(A) 是的   (B) 不一定   (C) 不是的

15. 对于性情急躁、爱发脾气的人，我仍能以礼相待：

(A) 是的   (B) 介于(A)、(C)之间   (C) 不是的

16. 受人伺候时我常常局促不安：

(A) 是的   (B) 介于(A)、(C)之间   (C) 不是的

17. 在从事体力或脑力劳动之后，我总是需要有比别人更多的休息时间，才能保持工作效率：

(A) 是的   (B) 介于(A)、(C)之间   (C) 不是的

18. 半夜醒来，我常常因种种不安而不能再入睡：

(A) 常常如此   (B) 有时如此   (C) 极少如此

19. 事情进行得不顺利时，我常常急得涕泗交流：

(A) 从不如此   (B) 有时如此   (C) 极少如此

20. 我认为只要双方同意即可离婚，可以不受传统观念的束缚：

(A) 是的   (B) 介于(A)、(C)之间   (C) 不是的

21. 我对人或物的兴趣都很容易改变：

(A) 是的   (B) 介于(A)、(C)之间   (C) 不是的

22. 工作中，我愿意：

(A) 和别人合作   (B) 不确定   (C) 自己单独进行

23. 我常常会无缘无故地自言自语：

(A) 常常如此   (B) 偶然如此   (C) 从不如此

24. 无论是工作、饮食或外出游览，我总是：

(A) 匆匆忙忙，不能尽兴   (B) 介于(A)、(C)之间   (C) 从容不迫

25. 有时我怀疑别人是否对我的言行真正有兴趣：

(A) 是的   (B) 介于(A)、(C)之间   (C) 不是的

26. 如果我在工厂里工作，我愿做：

(A) 技术科的工作   (B) 介于(A)、(C)之间   (C) 宣传科的工作

27. 在阅读时,我愿阅读:

(A) 有关太空旅行的书籍

(B) 不太确定

(C) 有关家庭教育的书籍

28. 下面列出的三个单词,与其他两个单词不同类的是:

(A) 狗　　　　　　　　　(B) 石头　　　　　　　　　(C) 牛

29. 如果我能到一个新的环境,我要:

(A) 把生活安排得和从前不一样

(B) 不确定

(C) 和从前相仿

30. 在一生中,我总觉得我能达到我所预期的目标:

(A) 是的　　　　　　　　(B) 不一定　　　　　　　　(C) 不是的

31. 当我说谎时,总觉得内心羞愧,不敢正视对方:

(A) 是的　　　　　　　　(B) 不一定　　　　　　　　(C) 不是的

32. 假使我手里拿着一把装有子弹的手枪,我必须把子弹取出来才能安心:

(A) 是的　　　　　　　　(B) 介于(A)、(C) 之间　　　(C) 不是的

33. 多数人认为我是一个说话风趣的人:

(A) 是的　　　　　　　　(B) 不一定　　　　　　　　(C) 不是的

34. 如果人们知道我内心的成见,他们会大吃一惊:

(A) 是的　　　　　　　　(B) 不一定　　　　　　　　(C) 不是的

35. 在公共场合,如果我突然成为大家注意的中心,就会感到局促不安:

(A) 是的　　　　　　　　(B) 介于(A)、(C) 之间　　　(C) 不是的

36. 我总喜欢参加规模庞大的晚会或集会:

(A) 是的　　　　　　　　(B) 介于(A)、(C) 之间　　　(C) 不是的

37. 在学科中,我喜欢:

(A) 音乐　　　　　　　　(B) 不一定　　　　　　　　(C) 手工劳动

38. 我常常怀疑那些出乎我意料的、对我过于友善的人的动机是否诚实:

(A) 是的　　　　　　　　(B) 介于(A)、(C) 之间　　　(C) 不是的

39. 我愿意把我的生活安排得像一个:

(A) 艺术家　　　　　　　(B) 不确定　　　　　　　　(C) 会计师

40. 我认为目前所需要的是:

(A) 多出现一些改造世界的理想家

(B) 不确定

(C) 脚踏实地的实干家

41. 有时候我觉得我需要剧烈的体力劳动:

(A) 是的　　　　　　　　(B) 介于(A)、(C) 之间　　　(C) 不是的

42. 我愿意跟有教养的人来往而不愿意同鲁莽的人交往：

(A) 是的　　　　　　　(B) 介于(A)、(C) 之间　　　(C) 不是的

43. 在处理一些必须凭借智慧的事务中：

(A) 我的亲人表现得比一般人差

(B) 我的亲人表现得普通

(C) 我的亲人表现得超人一等

44. 当领导召见我时，我：

(A) 觉得可以趁机提出建议

(B) 介于(A)、(C) 之间

(C) 总怀疑自己做错了事

45. 如果待遇优厚，我愿意做护理精神病人的工作：

(A) 是的　　　　　　　(B) 介于(A)、(C)之间　　　(C) 不是的

46. 读报时，我喜欢读：

(A) 当今世界的基本问题　(B) 介于(A)、(C) 之间　　(C) 地方新闻

47. 在接受困难任务时，我总是：

(A) 有独立完成的信心　　(B) 不确定　　　　　　　(C) 希望有别人帮助和指导

48. 在游览时，我宁愿观看一个画家写生，也不愿听大家的辩论：

(A) 是的　　　　　　　(B) 不一定　　　　　　　(C) 不是的

49. 我的神经脆弱，稍有点刺激就会战栗：

(A) 时常如此　　　　　(B) 有时如此　　　　　　(C) 从不如此

50. 早晨起来，常常感到疲乏不堪：

(A) 是的　　　　　　　(B) 介于(A)、(C) 之间　　(C) 不是的

51. 如果待遇相同，我愿选做：

(A) 森林管理员　　　　(B) 不一定　　　　　　　(C) 中小学教员

52. 每逢过年过节或亲友结婚，我：

(A) 喜欢赠送礼品　　　(B) 不太确定　　　　　　(C) 不愿相互送礼

53. 下列三个数字中，与其他两个数字不同类的是：

(A) 5　　　　　　　　(B) 2　　　　　　　　　(C) 7

54. 猫和鱼就像牛和：

(A) 牛奶　　　　　　　(B) 牧草　　　　　　　　(C) 盐

55. 我在小学时敬佩的教师，到现在仍然值得我敬佩：

(A) 是的　　　　　　　(B) 不一定　　　　　　　(C) 不是的

56. 我觉得我确实有一些别人所不及的优良品质：

(A) 是的　　　　　　　(B) 不一定　　　　　　　(C) 不是的

57. 根据我的能力，即使让我做一些平凡的工作，我也会安心的：

(A) 是的　　　　　　　(B) 不太确定　　　　　　(C) 不是的

58. 我看电影或参加其他娱乐活动的次数：

(A) 比一般人多   (B) 和一般人相同   (C) 比一般人少

59. 我喜欢从事需要精密技术的工作：

(A) 是的   (B) 介于(A)、(C)之间   (C) 不是的

60. 在有威望、有地位的人面前,我总是较为局促、谨慎：

(A) 是的   (B) 介于(A)、(C)之间   (C) 不是的

61. 对于我来说,在大众面前演讲或表演是一件难事：

(A) 是的   (B) 介于(A)、(C)之间   (C) 不是的

62. 我愿意：

(A) 指挥几个人工作   (B) 不确定   (C) 和同志们一起工作

63. 即使我做了一件让别人笑话的事,我也能坦然处之：

(A) 是的   (B) 介于(A)、(C)之间   (C) 不是的

64. 我认为没有人会幸灾乐祸地希望我遇到困难：

(A) 是的   (B) 不确定   (C) 不是的

65. 一个人应该考虑人生的真正意义：

(A) 是的   (B) 不确定   (C) 不是的

66. 我喜欢去处理被别人弄得一塌糊涂的工作：

(A) 是的   (B) 介于(A)、(C)之间   (C) 不是的

67. 当我非常高兴时,总有一种"好景不长"的感觉：

(A) 是的   (B) 介于(A)、(C)之间   (C) 不是的

68. 在一般困难情境中,我总能保持乐观：

(A) 是的   (B) 不一定   (C) 不是的

69. 迁居是一件极不愉快的事：

(A) 是的   (B) 介于(A)、(C)之间   (C) 不是的

70. 在年轻的时候,当我和父母的意见不同时：

(A) 保留自己的意见   (B) 介于(A)、(C)之间   (C) 接受父母的意见

71. 我希望把我的家：

(A) 建设成适合自身活动和娱乐的地方

(B) 介于(A)、(C)之间

(C) 成为邻里交往活动的一部分

72. 我解决问题时,多借助于：

(A) 个人独立思考   (B) 介于(A)、(C)之间   (C) 和别人互相讨论

73. 在需要当机立断时,我总是：

(A) 镇静地运用理智   (B) 介于(A)、(C)之间   (C) 常常紧张兴奋

74. 最近在一两件事情上,我觉得我是无辜受累的：

(A) 是的   (B) 介于(A)、(C)之间   (C) 不是的

75. 我善于控制我的表情：

(A) 是的　　　　　　　　(B) 介于(A)、(C)之间　　　(C) 不是的

76. 如果待遇相同，我愿做一个：

(A) 化学研究工作者　　　　(B) 不确定　　　　　　　(C) 旅行社经理

77. 以"惊讶"与"新奇"搭配为例，认为"惧怕"与(　　　)搭配。

(A) 勇敢　　　　　　　　(B) 焦虑　　　　　　　　(C) 恐怖

78. 下列三个分数，与其他两个分数不同类的是：

(A) 3/7　　　　　　　　(B) 3/9　　　　　　　　(C) 3/11

79. 不知为什么，有些人总是回避或冷淡我：

(A) 是的　　　　　　　　(B) 不一定　　　　　　　(C) 不是的

80. 我虽然好意待人，但常常得不到好报：

(A) 是的　　　　　　　　(B) 不一定　　　　　　　(C) 不是的

81. 我不喜欢争强好胜的人：

(A) 是的　　　　　　　　(B) 介于(A)、(C)之间　　　(C) 不是的

82. 和一般人相比，我的朋友的确太少：

(A) 是的　　　　　　　　(B) 介于(A)、(C)之间　　　(C) 不是的

83. 不在万不得已的情况下，我总是回避参加应酬性的活动：

(A) 是的　　　　　　　　(B) 不一定　　　　　　　(C) 不是的

84. 我认为对领导逢迎得当比工作表现更重要：

(A) 是的　　　　　　　　(B) 介于(A)、(C)之间　　　(C) 不是的

85. 参加竞赛时，我总是着重于竞赛的活动，而不计较其成败：

(A) 总是如此　　　　　　(B) 一般如此　　　　　　(C) 偶然如此

86. 按照我个人的意愿，我希望做的工作是：

(A) 有固定而可靠的工资收入

(B) 介于(A)、(C)之间

(C) 工资高低应随我的工作表现而随时调整

87. 我愿意阅读：

(A) 军事与政治的时事记载

(B) 不一定

(C) 富有情感的幻想作品

88. 我认为有许多人之所以不敢犯罪，主要原因是怕被惩罚：

(A) 是的　　　　　　　　(B) 介于(A)、(C)之间　　　(C) 不是的

89. 我的父母从来不严格要求我事事顺从：

(A) 是的　　　　　　　　(B) 不一定　　　　　　　(C) 不是的

90. "百折不挠，再接再厉"的精神常常被人们所忽略：

(A) 是的　　　　　　　　(B) 不一定　　　　　　　(C) 不是的

91. 当有人对我发火时,我总是:

(A) 设法使他镇静下来　　　(B) 不太确定　　　　　(C) 自己也会发起火来

92. 我希望人们都要友好相处:

(A) 是的　　　　　　　　　(B) 不一定　　　　　　(C) 不是的

93. 不论是在极高的屋顶上,还是在极深的隧道中,我很少感到胆怯不安:

(A) 是的　　　　　　　　　(B) 介于(A)、(C)之间　(C) 不是的

94. 只要没有过错,不管别人怎样说,我总能心安理得:

(A) 是的　　　　　　　　　(B) 不一定　　　　　　(C) 不是的

95. 我认为凡是无法用理智来解决的问题,有时就不得不靠强权处理:

(A) 是的　　　　　　　　　(B) 介于(A)、(C)之间　(C) 不是的

96. 我和异性朋友交往:

(A) 较多　　　　　　　　　(B) 介于(A)、(C)之间　(C) 较少

97. 我在社团活动中,是一个活跃分子:

(A) 是的　　　　　　　　　(B) 介于(A)、(C)之间　(C) 不是的

98. 在人声嘈杂中,我仍能不受干扰,专心工作:

(A) 是的　　　　　　　　　(B) 介于(A)、(C)之间　(C) 不是的

99. 在某些心境下,我常常因为困惑陷入空想而将工作搁置下来:

(A) 是的　　　　　　　　　(B) 介于(A)、(C)之间　(C) 不是的

100. 我很少用难堪的语言去刺伤别人的感情:

(A) 是的　　　　　　　　　(B) 不太确定　　　　　(C) 不是的

101. 如果让我选择,我宁愿选做:

(A) 列车员　　　　　　　　(B) 不确定　　　　　　(C) 描图员

102. "理不胜词"的意思是:

(A) 理不如词　　　　　　　(B) 理多而词少　　　　(C) 辞藻华丽而理不足

103. 以"铁锹"与"挖掘"搭配为例,我认为与"刀子"搭配的是:

(A) 琢磨　　　　　　　　　(B) 切割　　　　　　　(C) 铲除

104. 我在大街上,常常避开我所不愿意打招呼的人:

(A) 经常如此　　　　　　　(B) 偶然如此　　　　　(C) 极少如此

105. 当我聚精会神地听音乐时,假使有人在旁边高谈阔论:

(A) 我仍能专心听音乐　　　(B) 介于(A)、(C)之间　(C) 不能专心而感到恼怒

106. 在课堂上,如果我的意见与老师不同,我常常:

(A) 保持沉默　　　　　　　(B) 不一定　　　　　　(C) 表明自己的看法

107. 我单独跟异性谈话时,总显得不自然:

(A) 是的　　　　　　　　　(B) 介于(A)、(C)之间　(C) 不是的

108. 我在待人接物方面,的确不大成功:

(A) 是的　　　　　　　　　(B) 不完全这样　　　　(C) 不是的

109. 每当做一件困难工作时,我总是:

(A) 预先做好准备

(B) 介于(A)、(C)之间

(C) 相信到时候总会有办法解决的

110. 在我结交的朋友中,男、女各占一半:

(A) 是的   (B) 介于(A)、(C)之间   (C) 不是的

111. 我在结交朋友方面:

(A) 结识很多的人   (B) 不一定   (C) 维持几个深交的朋友

112. 我愿意做一个社会科学家,而不愿做一个机械工程师:

(A) 是的   (B) 不确定   (C) 不是的

113. 如果我发现了别人的缺点,我常常不顾一切地提出指责:

(A) 是的   (B) 介于(A)、(C)之间   (C) 不是的

114. 我喜欢设法影响和我一起工作的同志,使他们能协助我实现我所计划的目标:

(A) 是的   (B) 介于(A)、(C)之间   (C) 不是的

115. 我喜欢做音乐,或歌舞,或新闻采访等工作:

(A) 是的   (B) 不一定   (C) 不是的

116. 当人们表扬我的时候,我总觉得羞愧窘促:

(A) 是的   (B) 介于(A)、(C)之间   (C) 不是的

117. 我认为一个国家最需要解决的问题是:

(A) 政治问题   (B) 不太确定   (C) 道德问题

118. 有时我会无故地产生一种面临大祸的恐惧:

(A) 是的   (B) 有时如此   (C) 不是的

119. 我在童年时,害怕黑暗的次数:

(A) 极多   (B) 不太多   (C) 几乎没有

120. 在闲暇的时候,我喜欢:

(A) 看一部历史性的探险电影

(B) 不一定

(C) 读一本科学性的幻想小说

121. 当人们批评我古怪不正常时,我:

(A) 非常气恼   (B) 有些气恼   (C) 无所谓

122. 当来到一个新城市里找地址时,我常常:

(A) 找人问路   (B) 介于(A)、(C)之间   (C) 参考地图

123. 当朋友声明他要在家休息时,我总是设法怂恿他同我一起到外面去玩:

(A) 是的   (B) 不一定   (C) 不是的

124. 在就寝时,我常常:

(A) 不易入睡   (B) 介于(A)、(C)之间   (C) 极易入睡

125. 有人烦扰我时,我:

(A) 能不露声色

(B) 介于(A)、(C) 之间

(C) 总要说给别人听,以泄气愤

126. 如果待遇相同,我愿做一个:

(A) 律师 　　　　　　　(B) 不确定 　　　　　　　(C) 航海员

127. "时间变成了永恒"这是比喻:

(A) 时间过得快 　　　　(B) 忘了时间 　　　　　　(C) 光阴一去不复返

128. 下列应接在"×0000××00×××"后面的是:

(A) "×0×" 　　　　　　(B) "00×" 　　　　　　　(C) "0××"

129. 我不论到什么地方,都能清楚地辨别方向:

(A) 是的 　　　　　　　(B) 介于(A)、(C) 之间 　(C) 不是的

130. 我热爱我所学的专业和所从事的工作:

(A) 是的 　　　　　　　(B) 不一定 　　　　　　　(C) 不是的

131. 如果我急于想借朋友的东西,而朋友又不在家时,我认为不告而取也没有关系:

(A) 是的 　　　　　　　(B) 介于(A)、(C) 之间 　(C) 不是的

132. 我喜欢向朋友讲述一些我个人有趣的经历:

(A) 是的 　　　　　　　(B) 介于(A)、(C) 之间 　(C) 不是的

133. 我宁愿做一个:

(A) 演员 　　　　　　　(B) 不确定 　　　　　　　(C) 建筑师

134. 业余时间,我总是做好安排,不使时间浪费:

(A) 是的 　　　　　　　(B) 介于(A)、(C) 之间 　(C) 不是的

135. 在和别人交往中,我常常会无缘无故地产生一种自卑感:

(A) 是的 　　　　　　　(B) 介于(A)、(C) 之间 　(C) 不是的

136. 和不熟识的人交谈,对我来说:

(A) 毫不困难 　　　　　(B) 介于(A)、(C) 之间 　(C) 是一件难事

137. 我所喜欢的音乐是:

(A) 轻松活泼的 　　　　(B) 介于(A)、(C) 之间 　(C) 富于感情的

138. 我爱想入非非:

(A) 是的 　　　　　　　(B) 不一定 　　　　　　　(C) 不是的

139. 我认为未来二十年的世界局势,定将好转:

(A) 是的 　　　　　　　(B) 不一定 　　　　　　　(C) 不是的

140. 在童年时,我喜欢阅读:

(A) 神话幻想故事 　　　(B) 不确定 　　　　　　　(C) 战争故事

141. 我向来对机械、汽车等产生兴趣:

(A) 是的 　　　　　　　(B) 介于(A)、(C) 之间 　(C) 不是的

142. 即使让我做一个缓刑释放的罪犯的管理人，我也会把工作搞得较好：

(A) 是的   (B) 介于(A)、(C)之间   (C) 不是的

143. 我仅仅被认为是一个能够苦干而稍有成就的人而已：

(A) 是的   (B) 介于(A)、(C)之间   (C) 不是的

144. 即使在不顺利的情况下，我仍能保持精神振奋：

(A) 是的   (B) 介于(A)、(C)之间   (C) 不是的

145. 我认为节制生育是解决经济与和平问题的重要条件：

(A) 是的   (B) 不太确定   (C) 不是的

146. 在工作中，我喜欢独自筹划，不愿受别人干涉：

(A) 是的   (B) 介于(A)、(C)之间   (C) 不是的

147. 尽管有的同志和我的意见不和，但我仍能跟他搞好团结：

(A) 是的   (B) 介于(A)、(C)之间   (C) 不是的

148. 我在工作和学习上，总是使自己不粗心大意、不忽略细节：

(A) 是的   (B) 介于(A)、(C)之间   (C) 不是的

149. 在和人争辩或险遭事故后，我常常表现出震颤、精疲力尽、不能安心工作：

(A) 是的   (B) 介于(A)、(C)之间   (C) 不是的

150. 未经医生处方，我是从不乱吃药的：

(A) 是的   (B) 介于(A)、(C)之间   (C) 不是的

151. 根据我个人的兴趣，我愿参加：

(A) 摄影组织活动   (B) 不确定   (C) 文娱队活动

152. 以"星火"与"燎原"搭配为例，我认为与"姑息"搭配的是：

(A) 同情   (B) 养奸   (C) 纵容

153. "钟表"与"时间"的关系犹如"裁缝"与：

(A) 服装   (B) 剪刀   (C) 布料

154. 生动的梦境，常常干扰我的睡眠：

(A) 经常如此   (B) 偶然如此   (C) 从不如此

155. 我爱打抱不平：

(A) 是的   (B) 介于(A)、(C)之间   (C) 不是的

156. 如果我要到一个新城市，我将要：

(A) 到处闲逛   (B) 不确定   (C) 避免去不安全的地方

157. 我爱穿朴素的衣服，不愿穿华丽的服装：

(A) 是的   (B) 不太确定   (C) 不是的

158. 我认为安静的娱乐远远胜过热闹的宴会：

(A) 是的   (B) 不太确定   (C) 不是的

159. 我明知自己有缺点，但不愿接受别人的批评：

(A) 经常如此   (B) 偶然如此   (C) 从不如此

160. 我总是把"是、非、善、恶"作为处理问题的原则：

(A) 是的   (B) 介于(A)、(C)之间   (C) 不是的

161. 当我工作时,我不喜欢有许多人在旁边参观：

(A) 是的   (B) 介于(A)、(C)之间   (C) 不是的

162. 我认为,侮辱那些即使有错误但有文化教养的人,如医生、教师等也是不应该的：

(A) 是的   (B) 介于(A)、(C)之间   (C) 不是的

163. 在各种课程中,我喜欢：

(A) 语文   (B) 不确定   (C) 数学

164. 那些自以为是、道貌岸然的人使我生气：

(A) 是的   (B) 介于(A)、(C)之间   (C) 不是的

165. 和循规蹈矩的人交谈：

(A) 很有兴趣,并有所得

(B) 介于(A)、(C)之间

(C) 他们的思想简单,使我厌烦

166. 我喜欢：

(A) 有几个有时对我很苛求但富有感情的朋友

(B) 介于(A)、(C)之间

(C) 不受别人的干涉

167. 如果征求我的意见,我赞同：

(A) 切实制止精神病患者和智能低下的人生育

(B) 不确定

(C) 杀人犯必须判处死刑

168. 有时我会无缘无故地感到沮丧、痛苦：

(A) 是的   (B) 介于(A)、(C)之间   (C) 不是的

169. 当和立场相反的人争辩时,我主张：

(A) 尽量找出基本概念的差异

(B) 不一定

(C) 彼此让步

170. 我一向重感情而不重理智,因而我的观点常常动摇不定：

(A) 是的   (B) 不一定   (C) 不是的

171. 我的学习多赖于：

(A) 阅读书刊   (B) 介于(A)、(C)之间   (C) 参加集体讨论

172. 我宁愿选择一个工资较高没有保障的工作,也不愿做工资低有保障的工作：

(A) 是的   (B) 不太确定   (C) 不是的

173. 在参加讨论时,我总是能把握自己的立场：

(A) 经常如此   (B) 一般如此   (C) 必要时才如此

174. 我常常被一些无所谓的小事所烦扰：

(A) 是的   (B) 介于(A)、(C)之间   (C) 不是的

175. 我宁愿住在嘈杂的闹市区，也不愿住在僻静的郊区：

(A) 是的   (B) 不太确定   (C) 不是的

176. 下列工作如果任我挑选的话，我愿做：

(A) 少先队辅导员   (B) 不太确定   (C) 修表工

177. 一人＿＿＿＿＿事，人人受累：

(A) 偾   (B) 愤   (C) 喷

178. 望子成龙的家长切忌＿＿＿＿＿苗助长：

(A) 揠   (B) 堰   (C) 偃

179. 气候的变化并不影响我的情绪：

(A) 是的   (B) 介于(A)、(C)之间   (C) 不是的

180. 因为我对一切问题都有一些见解，所以大家都认为我是一个有头脑的人：

(A) 是的   (B) 介于(A)、(C)之间   (C) 不是的

181. 我讲话的声音：

(A) 洪亮   (B) 介于(A)、(C)之间   (C) 低沉

182. 一般人都认为我是一个活跃热情的人：

(A) 是的   (B) 介于(A)、(C)之间   (C) 不是的

183. 我喜欢做出差机会较多的工作：

(A) 是的   (B) 介于(A)、(C)之间   (C) 不是的

184. 我做事严格，力求把事情办得尽善尽美：

(A) 是的   (B) 介于(A)、(C)之间   (C) 不是的

185. 在取回或归还所借的东西时，我总是仔细检查，看是否保持原样：

(A) 是的   (B) 介于(A)、(C)之间   (C) 不是的

186. 我通常总是精力充沛，忙碌多事：

(A) 是的   (B) 不一定   (C) 不是的

187. 我确信我没有遗漏或漫不经心回答上面的任何问题：

(A) 是的   (B) 不确定   (C) 不是的

【计分方法】

1. 原始分

本项测验共包括对 16 种性格因素的测评，以下是各项性格因素所包括的测试题。

A：3   26   27   51   52   76   101   126   151   176

B：28   53   54   77   78   102   103   127   128   152   153   177   178

C：4   5   29   30   55   79   80   104   105   129   130   154   179

E：6   7   31   32   56   57   81   106   131   155   156   180   181

F：8　33　58　82　83　107　108　132　133　157　158　182　183

G：9　34　59　84　109　134　159　160　184　185

H：10　35　36　60　61　85　86　110　111　135　136　161　186

I：11　12　37　62　87　112　137　138　162　163

L：13　38　63　64　88　89　113　114　139　164

M：14　15　39　40　65　90　91　115　116　140　141　165　166

N：16　17　41　42　66　67　92　117　142　167

O：18　19　43　44　68　69　93　94　118　119　143　144　168

Q1：20　21　45　46　70　95　120　145　169　170

Q2：22　47　71　72　96　97　121　122　146　171

Q3：23　24　48　73　98　123　147　148　172　173

Q4：25　49　50　74　75　99　100　124　125　149　150　174　175

将每项因素所包括的测试题得分加起来，就是该项性格因素的原始得分。

每题的计分方法具体如下：

(1) 下列每题凡是选以下对应的选项加1分，否则加0分。

28. B　53. B　54. B　77. C　78. B　102. C　103. B　127. C　128. B　152. B
153. C　177. A　178. A

(2) 下列每题凡是选B均加1分，选以下对应的选项加2分，否则加0分。

3. A　4. A　5. C　6. C　7. A　8. C　9. C　10. A　11. C　12. C

13. A　14. C　15. C　16. C　17. A　18. A　19. C　20. A　21. A　22. C

23. C　24. C　25. A　26. C　27. C　29. C　30. A　31. C　32. C　33. A

34. C　35. C　36. A　37. A　38. A　39. A　40. A　41. C　42. A　43. A

44. C　45. C　46. A　47. A　48. A　49. A　50. A　51. C　52. A　55. A

56. A　57. C　58. A　59. A　60. C　61. C　62. A　63. C　64. C　65. A

66. C　67. C　68. C　69. A　70. A　71. A　72. A　73. A　74. A　75. C

76. C　79. C　80. C　81. C　82. C　83. C　84. C　85. C　86. C　87. C

88. A　89. C　90. C　91. A92. C　93. C　94. C　95. C　96. C　97. C

98. A　99. A　100. C　101. A　104. A　105. A　106. C　107. C　108. C　109. A

110. A　111. A　112. A　113. A　114. A　115. A　116. A　117. A　118. A

119. A　120. C　121. C　122. C　123. C　124. A　125. C　126. A　129. A

130. A　131. A　132. A　133. A　134. A　135. C　136. A　137. C　138. A

139. C　140. A　141. C　142. A　143. A　144. C　145. A　146. A　147. A

148. A　149. A　150. A　151. C　154. C　155. A　156. A　157. C　158. C

159. C　160. A　161. C　162. C　163. A　164. A　165. C　166. C　167. A

168. A　169. A　170. C　171. A　172. C　173. A　174. A　175. C　176. A

179. A　180. A　181. A　182. A　183. A　184. A　185. A　186. A

第 1、2、187 题不计分。

2. 标准分换算

在统计出各项性格因素的原始分之后，可对应表 16-1 换算成标准分。

表 16-1   原始分与标准分之间的换算

因素	1	2	3	4	5	6	7	8	9	10	平均分	标准差
A	0~1	2~3	4~5	6	7~8	9~11	12~13	14	15~16	17~20	9.06	3.4
B	0~3	4	5	6	7	8	9	10	11	12~13	7.65	1.6
C	0~5	6~7	8~9	10~11	12~13	14~16	17~18	19~20	21~22	23~26	14.08	4.11
E	0~2	3~4	5	6~7	8~9	10~12	13~14	15	17~18	19~26	9.82	3.5
F	0~3	4	5~6	7	8~9	10~12	13~14	15~16	17~18	19~26	10.69	3.84
G	0~5	6~7	8~9	10	11~12	13~14	15~16	17	18	19~20	12.69	2.85
H	0~1	2	3	4~6	7~8	9~11	12~14	15~16	17~19	20~26	8.76	4.95
I	0~5	6	7~8	9	10~11	12~13	14	15~16	17	18~19	11.42	2.87
L	0~3	4~5	6	7~8	9~10	11~12	13	14~15	16	17~20	10.25	3.05
M	0~5	6~7	8~9	10~11	12~13	14~15	16~17	18~19	20	21~26	13.27	3.39
N	0~2	3	4	5~6	7~8	9~10	11	12~13	14	15~20	8.21	2.67
O	0~2	3~4	5~6	7~8	9~10	11~12	13~14	15~16	17~18	19~26	10.42	3.79
Q1	0~4	5	6~7	8	9~10	11~12	13	14	15	16~20	10.15	2.54
Q2	0~5	6~7	8	9~10	11~12	13~14	15	16~17	18	19~20	12.26	2.88
Q3	0~4	5~6	7~8	9~10	11~12	13~14	15	16	17	18	12.21	3.41
Q4	0~2	3~4	5~6	7~8	9~11	12~14	15~16	17~19	20~21	22~26	11.46	4.79

【结果说明】

原始分转换后的标准分，能明确描述 16 种基本人格特征。每项因素得分在 8 分及以上者为高分，3 分及以下者为低分。测试者在各项因素上的得分不同，其适合的职业也不同。以下是每项性格因素不同得分者的特征。

A   乐群性

高分者：说明你对他人能热情相待，容易与他人交往、建立社会联系，在集体中倾向于担任领导和承担责任。

低分者：缄默甚或冷漠，保守、严肃。在职业上倾向于从事富于创造性的工作。

B   聪慧性

高分者：聪明，敏锐，富有学识，擅长抽象思考。

低分者：思维比较迟钝，抽象思维能力差，学习能力弱。

C 情绪稳定性

高分者：情绪比较稳定、成熟，能够沉着应对各种现实问题，在集体中较受尊重，容易和别人合作，多倾向于从事管理和技术性工作。

低分者：情绪容易激动，意气用事。当事业和爱情受挫时，情绪沮丧，不易恢复。

E 影响性

高分者：主观武断，盛气凌人，独立、好强，喜欢去影响他人。有时表现出反传统、反权威倾向，不循规蹈矩。在集体活动中，有时不遵守纪律，社会接触面广，睡眠较少，不太注重宗教信仰。

低分者：谦卑，温顺，随和，通融。不经常表达自己对事物的看法和观点，并倾向于让他人处于领导地位。

F 兴奋性

高分者：通常较为活泼和任性，社会联系广泛，在集体中较引人注目，在家庭中，夫妻之间表现得相互独立性较强。对人对事，热情而富有感情，担忧时容易冲动。

低分者：通常比较严肃，自律，懂得节制自己，冷静。行动比较拘谨，内向而不轻易发言。有时候可能过分深思熟虑，又过于骄傲自满。

G 有恒性

高分者：社会责任感强，做事尽职负责，重良心，道德感强，在家孝敬、尊重父母。工作勤奋，做事有毅力、执着。在直接接触的小群体中会自然而然地成为领导人物。

低分者：比较自私，不讲原则，不守规则，缺乏奉公守法的精神，缺乏社会责任感。

H 敢为性

高分者：冒险敢为，甚至胆大妄为，少有顾忌。

低分者：有强烈的自卑感，拙于发言，在社会情境中，尤其是在周围的人都不熟悉的情况下，会感到有些害羞和不舒服。

I 敏感性

高分者：细心，敏感，依赖，遇事优柔寡断，有时感情用事，缺乏耐性和恒心。

低分者：粗心，自立，现实，遇事果断，自信，独立。

L 怀疑性

高分者：多疑、戒备，不易受欺骗。在集体中与他人保持距离，不信任别人，缺乏合作精神。与人相处，常常斤斤计较，不顾及他人利益。

低分者：真诚，合作，对人宽容、信赖，容易相处，并善于体贴人。

M 幻想性

高分者：对事漫不经心，不拘于事物的细节，富于想象，豪放不羁，富于创造力。在集体不太被人看重，不修边幅，不重整洁，粗枝大叶。经常变换工作，不易被提升。

低分者：现实，墨守成规，办事认真谨慎，属于脚踏实地的人。但有时过分重视现象，为人索然寡趣。

N　世故性

高分者：机敏，圆滑，善于处事，行为得体。在社会中容易取得较好的地位，在集体中受到人们的尊重，并善于解决疑难问题。

低分者：直率，坦诚，不加掩饰，不留情面。有时显得过于刻板，思想简单，感情用事，不为社会接受，在社会上不易取得较高的地位。

O　忧虑性

高分者：忧郁，自责，经常自扰，甚至杞人忧天。朋友较少，自觉世道艰辛，常对环境进行抱怨，人生不如愿，满腹牢骚。害羞，还爱哭。

低分者：自信沉着，坦然，宁静，有时自负，甚至自命不凡，自鸣得意。信任自己有应付问题的能力，有安全感，能适应自如。但有时因缺乏同情，引发别人的反感和厌恶。

Q1　激进性

高分者：思想开放，喜欢尝试各种可能性，不拘于现实、意识激进，喜欢考验一切现有的理论与事实，并给以新的评价。

低分者：保守，循规蹈矩，尊重传统观念与行为标准。通常无条件地接受社会中许多沿用已久而有权威的见解。不愿尝试探求新的境界。

Q2　独立性

高分者：自信，自立，自强，有主见，遇事当机立断，不依赖他人，不推诿责任。

低分者：依赖性强，缺乏主见，随群附和，在集体中经常是一个随波逐流的人，常常放弃个人的主张，附和众意，以取得别人的好感，是权威的忠实的追随者。

Q3　自律性

高分者：有较强的自制力和较强的意志力量，坚定地追求自己的理想。有良好的自我感觉和自我评价，通常言行一致。在集体中，可以提出有价值的建议。为人处事总能够保持自尊性，赢得他人的尊重。

低分者：不顾大体，通常不能克制自己服从礼俗。不遵守纪律，自我矛盾、随心所欲，不尊重社会规范。

Q4　紧张性

高分者：有点神经质，在压力下容易惊慌失措，总处于一种紧张、挣扎的状态，不自然，做作。有挫折感，经常处于被动局面。通常感到不被别人尊重和接受，自叹命薄。

低分者：心平气和，闲散宁静，反应迟钝，缺乏进取心，不敏感，很少有挫折感，于是镇静自若。

以上是关于 16 种个性因素的一些典型特征。我们需要强调的是，对于 16 种人格因素的分数不要孤立地解释，因为毕竟不同人格特征是组合在一起共同对人的行为方式起作用的。因此在评定一个人的个性特征时，一方面可以凭有关因素分数高低而予以评估，但同时必须参考受测者其他人格因素的状况进行全面考察。

测验为自陈量表，难以控制和防止应试者的掩饰行为和倾向性作答行为，同时情境因素对应试者的影响也难以控制。为此在测验之前考官应注意向应试者解释，尽量达成双方的信任关系,排解其顾虑和猜疑,尽可能使其达到一般的平和心态,让其能按照自己最平常的情况做答,最大限度地反映真实状况。

在内容相互对抗的项目上回答矛盾,故意作假,这样的答卷无效。

应试者在高动机驱使下,会对题目有所猜测,有意或无意地改变其在测验上的反应,而塑造出一种会受到社会赞许或迎合职位需要的形象,这种形象并不能代表应试者的真实情况。对于此类人员,在结果解释中要标注出来,这也代表其行为特征之一。同时应补充使用其他的评估技术,比如面试、情景模拟测验等,或在其他测验中对相应的考评要素反复考察和评定。

16PF测验本身就有一个检测应试者掩饰倾向的维度,即第11个因素N,它可以反映应试者是否诚实而不加掩饰地报告出自己的真实想法。

依据有关量表的标准分推算综合个性应用评价分。

个人的人格轮廓剖面图

将16PF的16个量表的得分放在一起,可以得到关于受测者个性的剖析图。根据有关量表的分析,可推算人格的次级因素。各公式如下:

适应与焦虑型 X_1:

$$X_1 = [(38 + 2 \times L + 3 \times O + 4 \times Q4) - (2 \times C + 2 \times H + 2 \times Q2)]/10$$

低分特征:生活适应顺利,通常感到心满意足,能做到所期望的及自认为重要的事情。也可能对困难的工作缺乏毅力,有事事知难而退,不肯努力奋斗的倾向。

高分特征:对生活上所要求的和自己意欲达成的事情常感到不满意。可能会使工作受到破坏和影响身体健康。

内向与外向型 X_2:

$$X_2 = [(2 \times A + 3 \times E + 4 \times F + 5 \times H) - (2 \times Q2 + 11)]/10$$

低分特征:内倾,趋于胆小,自足,在与别人接触中采取克制态度,有利于从事精细工作。

高分特征:外倾,开朗,善于交际,不受拘束,有利于从事贸易工作。

感情用事与安详机警型 X_3:

$$X_3 = [(77 + 2 \times C + 2 \times E + 2 \times F + 2 \times N) - (4 \times A + 6 \times I + 2 \times M)]/10$$

低分特征:情感丰富而感到困扰不安,它可能是缺乏信心,颓丧的类型,对生活中的细节较为含蓄敏感,性格温和,讲究生活艺术,采取行动前再三思考,顾虑太多。

高分特征:富有事业心,果断,刚毅,有进取精神,精力充沛,行动迅速,但常忽视生活上的细节,只对明显的事物注意,有时会考虑不周,不计后果,贸然行事。

怯懦与果断型 X_4:

$$X_4 = [(4 \times E + 3 \times M + 4 \times Q1 + 4 \times Q2) - (3 \times A + 2 \times G)]/10$$

低分特征:怯懦,顺从,依赖别人,纯洁,个性被动,受人驱使而不能独立,为获取别人的欢心会事事迁就。

高分特征:果断,独立,露锋芒,有气魄,有攻击性的倾向,通常会主动地寻找可以施展这种行为的环境或机会，以充分表现自己的独创能力，并从中取得利益。

心理健康因素 Y_1：

$$Y_1 = C + F + (11 - O) + (11 - Q4)$$

低于 12 分者仅占人数分配的 10%，情绪不稳定的程度颇为显著。

专业有成就者的人格因素 Y_2：

$$Y_2 = Q3 \times 2 + G \times 2 + C \times 2 + E + N + Q2 + Q1$$

平均分为 55，67 分以上者应有其成就。

创造力强者的人格因素 Y_3：

$$Y_3 = (11 - A) \times 2 + B \times 2 + E + (11 - F) \times 2 + H + I \times 2 + M + (11 - N) + Q1 + Q2 \times 2$$

标准分高于 7 分者属于创造力强者的范围，应有其成就。

在新环境中有成长能力的人格因素 Y_4：

$$Y_4 = B + G + Q3 + (11 - F)$$

平均值为 22 分，不足 17 分者仅占分配人数的 10%，从事专业或训练成功的可能性极小。25 分以上者，则有成功的希望。

【实训步骤】

1. 测试前的指导与准备，发放测试问卷与计分表。
2. 现场问卷测试。
3. 计算测试数据。
4. 完成 16PF 人格因素测验的自我测评。
5. 进行人格因素相关问题思考。
6. 理解实训结果，总结实训过程，完成实训报告。

【实训成绩评定标准】

A：能够熟练掌握测验材料，正确做出测评报告；实训报告内容完整、书写规范，能正确理解实训结果。

B：能够熟练掌握测验材料，正确做出测评报告；实训报告内容比较完整、书写比较规范，基本理解实训结果。

C：能够熟练掌握测验材料，正确做出测评报告；实训报告内容基本完整、书写基本规范，基本理解实训结果。

D：能够熟练掌握测验材料，正确做出测评报告；实训报告内容基本完整、书写规范性较差，不能完全理解实训结果。

E：不能掌握测验材料，不能正确做出测评报告；实训报告内容不完整、书写不规范，不能正确理解实训结果。

实训项目 17：MBTI 职业性格测验

【实训目的】

1. 掌握职业性格的定义,荣格对性格类型的四个维度的分类。
2. 借助标准化测试,了解自己的职业性格特点。
3. 在相关的人力资源管理环节中运用 MBTI 职业性格测验。

【实训场地】

开放式实训室

【实训准备】

一、知识储备

- 人员素质测评的基本概念和相关原理;
- 心理测验的基本知识;
- 职业性格的基本概念及相关理论;
- 企业人力资源管理的基本概念与知识。

二、能力要求

- 课前应充分利用各种资源,通过各种方式掌握学习内容;
- 完成实训任务,按要求的形式完成实训报告。

【实训资料】

MBTI 职业性格测验

MBTI 职业性格测验,如表 17-1 所示,表格中每道题有 a、b 两种描述,请您考虑一下您喜欢哪一个,哪一种情况更符合您的想法或做法。也许您可能会觉得两个选择都是您采取的办法,这时就需要您考虑自己到底更倾向于哪种做法,也就是说您必须二选一。请将您的答案直接填写在所选择的选项上。

答案没有正误之分,因此回答时请不要有太多顾虑,请尽量凭第一感觉选择。

表 17-1　MBTI 职业性格测验

1. 电话铃响的时候,你会	a. 马上第一个去接	b. 希望别人去接
2. 你更倾向于	a. 敏锐而不内省	b. 内省而不敏锐
3. 对你来说哪种情况更糟糕	a. 想入非非	b. 循规蹈矩
4. 同别人在一起,你通常	a. 坚定而不随和	b. 随和而不坚定
5. 哪种事更使你感到惬意	a. 做出权威判断	b. 做出有价值的判断
6. 面对工作环境里的噪声,你会	a. 抽出时间整顿	b. 最大限度地忍耐
7. 你的做事方式	a. 果断	b. 某种程度的斟酌
8. 排队时,你常常	a. 与他人聊天	b. 仍考虑工作
9. 你更倾向于	a. 感知多于设想	b. 设想多于感知
10. 你对什么更感兴趣	a. 真实存在的东西	b. 潜在的东西
11. 你更有可能依据什么对事件做出判断	a. 事实	b. 愿望
12. 评价他人时,你易于	a. 客观、不讲人情	b. 友好、有人情味
13. 你希望通过什么方式制定合同	a. 签字、盖章、发送	b. 握手搞定
14. 你更愿意拥有	a. 工作成果	b. 不断进展的工作
15. 在一个聚会上,你倾向	a. 与许多人包括陌生人交流	b. 只与几个朋友交流
16. 你更倾向于	a. 务实而不空谈	b. 空谈而不务实
17. 你喜欢什么样的作者	a. 直述主题	b. 运用隐喻和象征手法
18. 什么更吸引你	a. 思想和谐	b. 关系和睦
19. 如果一定要使某人失望,你通常	a. 坦率、直言不讳	b. 温和、体谅他人
20. 工作中,你希望你的行动进度	a. 确定	b. 不确定
21. 你更偏向提出	a. 最后、确定的意见	b. 暂时、初步的意见
22. 与陌生人交流	a. 使你更加自信	b. 使你伤脑筋
23. 事实	a. 只能说明事实	b. 是理论的例证
24. 你觉得幻想家和理论家	a. 有些讨厌	b. 非常有魅力
25. 在异常热烈的辩论中,你会	a. 坚持你的观点	b. 寻找共同之处
26. 哪一个更好	a. 公正	b. 宽容
27. 你觉得工作中什么更自然	a. 指出错误	b. 设法取悦他人
28. 什么时候你感觉更惬意	a. 做出决定之后	b. 做出决定之前

续　表

29. 你倾向于	a. 直接说出你的想法	b. 听别人发言
30. 常识	a. 通常是可靠的	b. 经常值得怀疑
31. 儿童往往不会	a. 做十分有用的事	b. 充分利用想象力
32. 管理他人时,你更倾向于	a. 坚定而严格	b. 宽厚仁慈
33. 你更倾向于作为一个	a. 头脑冷静的人	b. 热心肠的人
34. 你倾向于	a. 将事情办妥	b. 探究事物的各种潜质
35. 在多数情况下,你更	a. 做作而不自然	b. 自然而不做作
36. 你认为自己是一个	a. 外向的人	b. 自闭的人
37. 你更经常是一个	a. 讲求实际的人	b. 沉于幻想的人
38. 你说话时	a. 详细而不泛泛	b. 泛泛而不详细
39. 哪句话更像是赞美	a. "这是一个逻辑性强的人"	b. "这是一个情感丰富的人"
40. 你更易受什么支配	a. 你的思想	b. 你的体验
41. 当一个工作完成时,你喜欢	a. 把所有未了结的零星事务安排妥当	b. 继续干别的事
42. 你喜欢什么样的工作	a. 有最后期限	b. 随时进行
43. 你是那种	a. 很健谈的人	b. 认真聆听的人
44. 你更容易接受	a. 较直白的语言	b. 较有寓意的语言
45. 你经常注意的是	a. 恰好在眼前的事物	b. 想象中的事物
46. 成为哪一种人更糟糕	a. 过分心软	b. 顽固
47. 在令人难堪的情况下,你有时表现得	a. 过于无动于衷	b. 过于同情怜悯
48. 你在做出选择时倾向于	a. 小心翼翼	b. 有些冲动
49. 你更喜欢	a. 紧张而不悠闲	b. 悠闲而不紧张
50. 工作中你倾向于	a. 热情与同事交往	b. 保留更多的私人空间
51. 你更容易相信	a. 你的经验	b. 你的观念
52. 你更愿意感受	a. 脚踏实地	b. 有些动荡
53. 你认为你自己更是一个	a. 意志坚强的人	b. 心地温和的人
54. 你对自己哪种品格评价更高	a. 通情达理	b. 埋头苦干
55. 你通常希望事情	a. 已经被安排、确定	b. 只是暂时确定
56. 你认为自己更加	a. 严肃、坚定	b. 随和
57. 你觉得自己是个	a. 好的演说家	b. 好的聆听者
58. 你很满意自己能够	a. 有力地把握事实	b. 有丰富的想象力

59. 你更注重	a. 基本原理	b. 深层寓意
60. 什么错误看起来比较严重	a. 同情心过于丰富	b. 过于冷漠
61. 你更容易受什么影响	a. 有说服力的证据	b. 令人感动的陈述
62. 哪一种情况下你的感觉更好	a. 结束一件事	b. 保留各种选择
63. 较令人满意的是	a. 确定事情已经做好	b. 只是顺其自然
64. 你是一个	a. 容易接近的人	b. 有些矜持的人
65. 你喜欢什么样的故事	a. 刺激和冒险的	b. 幻想和豪勇的
66. 什么事对你来说更容易	a. 使他人各尽其用	b. 认同他人
67. 你更希望自己具备	a. 意志的力量	b. 情感的力量
68. 你认为自己基本上	a. 禁得住批评和侮辱	b. 禁不住批评和侮辱
69. 你常常注意到的是	a. 混乱	b. 变革的机会
70. 你比较	a. 按程序办事而非反复无常	b. 反复无常而非按程序办事

答案卡示例,如表 17-2 所示。

表 17-2　答案卡

	选项		选项		选项		选项		选项		选项		选项
1		2		3		4		5		6		7	
8		9		10		11		12		13		14	
15		16		17		18		19		20		21	
22		23		24		25		26		27		28	
29		30		31		32		33		34		35	
36		37		38		39		40		41		42	
43		44		45		46		47		48		49	
50		51		52		53		54		55		56	
57		58		59		60		61		62		63	
64		65		66		67		68		69		70	
总分	如果选 A 的个数多于 B,则属于类型 E,反之则是类型 I		若两列中选 A 的个数多于 B,则属于类型 S,反之则是类型 N				若两列中选 A 的个数多于 B,则属于类型 T,反之则是类型 F				若两列中选 A 的个数多于 B,则属于类型 J,反之则是类型 P		

个性类型的特点及其适合的职业,如表17-3所示。

表 17-3　个性类型的特点及其适合的职业

个性类型	特点	适合职业
1. 创业者 ESTP	实际、乐观、性格坚毅,机智、灵巧、风趣,有着戏剧般活跃的心态,具有洞察事物的本领,敏感,喜爱冒险、刺激,能够在危机时刻保持镇静并自如操作,不拘礼仪	管理人员,企业家,推销员,仲裁者,辩护律师,实业家,房地产开发商,演艺制作人
2. 手艺者 ISTP	实际、乐观、热衷于学习和手艺,易冲动,向往对他人产生影响,喜好寻求刺激,性格坚毅,谨慎,喜欢孤独,非常无畏,权力地不顺从,视等级和权威为不必要的,表达上存在欠缺。	商人,机械师,手艺者,宝石匠,驾驶员,外科医生,美术家,运动员,音乐家
3. 表演者 ESFP	最具天赋的展示者,表达力极强,热衷于学习技巧和手艺,乐观,自信,极不喜欢孤独,活泼,机智,健谈,接近时尚,冲动,任性,容易受到诱惑力的冲击,对忧虑的承受力最差,慷慨大度,仁慈好友,具有情绪表现力和深厚感情	舞台表演者,小学教师,房地产代理商
4. 创作者 ISFP	实际,乐观,热衷于学习技巧和手艺,自信。性格友善,宁静,谨慎,沉默寡言,对任何活动都非常投入,专心致志的工作,最为友善	护士,园艺家,林业家,兽医,教师,画家,雕刻师,编舞者,导演,作曲家,剧作家,小说家,诗人,厨师,时尚设计师
5. 监督者 ESTJ	热衷于学习商业技能,沉迷于道德理论,尽职,悲观,坚韧,生性坚毅,信赖权威,向往归属感,寻求安全保障,脚踏实地,热心,勤奋	法律工作者,政治家,警务人员,军人
6. 检查者 ISTJ	尽职,悲观,坚韧,信赖权威,向往归属感,生性坚毅,矜持,较有耐心,值得信赖,朴素,保守	银行查核员,审计员,会计税务代理,图书管理员,牙科医生,验光师,法庭书记员,法律研究员,教师,军官
7. 供应者 ESFJ	热衷于为他人服务,承担社会奉献者的角色,尽职,信赖权威,向往归属感,生性友善,温柔,外向,风度翩翩,健谈,喜好交际,擅长于人协作,富于同情心,情感充沛	推销员,教师,神职人员,教练,私人秘书,办公室接待人员
8. 保护者 ISFJ	尽职,生性友善,情深义重,生性斟酌,乐于助人,谨慎,古道热肠,富有同情心,真挚,具有严肃的意志,做事彻底,俭省,喜欢独立工作,值得信赖	监护人,图书管理员,中层管理人员,综合性开业医生,保险代理人
9. 教导者 ENFJ	痴迷于信念,满腔热情,信赖直觉,向往浪漫,珍视赞誉,生性善于安排事物,乐观,有卓越的感召力,值得信赖,是天才的领导者,重视和谐的人际关系,外向	大众传播业,神职人员,临床医学家,教育家,基础护理医师
10. 劝告者 INFJ	比较隐秘,敏于理解,满腔热情,宁静而矜持,内涵丰富,有可能表露出一种理解超自然现象的能力,有远见卓识,富有诗意,有优秀的语言才能,重视集体和睦,善于聆听	临床医学家,临床心理学家,精神医学家,特殊领域教师及作家

续　表

个性类型	特点	适合职业
11. 奋斗者 ENFP	富于感染力，活泼有生气，生性喜欢调查和研究，对新奇事物有极大的热情，善于表达，不愿受约束，热心而敏锐，率直，有出色的直觉力，有良好的公众形象	教导者，政府官员，新闻记者，演说家，小说家，电影编剧，剧作家
12. 化解者 INFP	喜好隐居，矜持，刻意而谨慎，在工作中具有适应力，欢迎新思想、新知识，有出色的语言方面的才能，时刻警惕来自外界的侵犯	政府工作人员，宣传工作者，社会工作者，幼儿咨询员，人文学科方面的大学教育家
13. 陆军元帅 ENTJ	聪敏，自主，坚定，信赖理性，渴求知识，本性果断，善于谋划，坦率，直言，极端的实用主义者	陆军元帅，高级管理人员
14. 策划者 INTJ	聪敏，自主，坚定，本性果断，善于谋划，矜持，思想开明，自信，意志坚强，工作态度持久，努力、坚定，难以满足	科学研究人员，经营主管人员
15. 发明家 ENTP	聪敏，自主，坚定，信赖理性，渴求知识，好奇心强，忽视标准、传统和权威，擅长功能分析，健谈，多才多艺，思维敏捷	教师，创新事业中的称职领导
16. 建筑师 INTP	安静，缄默含蓄，在理论性或科学性的科目上表现得尤为出色。注重逻辑，有时甚至到了吹毛求疵的地步。通常对观念和思想感兴趣，但不太喜欢聚会或闲谈。常常有十分明确限定的兴趣或爱好	需要选择从事那些自己兴趣能够用得上且有用的职业

【实训步骤】

1. 测试前的指导与准备，发放测试问卷与计分表。
2. 现场问卷测试。
3. 计算测试数据。
4. 确定自己的职业性格类型。
5. 进行职业性格相关问题的思考。

【实训成绩评定标准】

A：能够熟练掌握测验材料，正确做出测评报告；实训报告内容完整、书写规范，能正确理解实训结果。

B：能够熟练掌握测验材料，正确做出测评报告；实训报告内容比较完整、书写比较规范，基本理解实训结果。

C：能够熟练掌握测验材料，正确做出测评报告；实训报告内容基本完整、书写基本规范,基本理解实训结果。

D：能够熟练掌握测验材料,正确做出测评报告;实训报告内容基本完整、书写规范性较差,不能完全理解实训结果。

E：不能掌握测验材料,不能正确做出测评报告;实训报告内容不完整、书写不规范,不能正确理解实训结果。

实训项目 18：评价中心

【实训目的】

评价中心是人员素质测评的一种综合性方法,通过一系列情境性的测评手段对候选人的心理和行为特点进行评价。公文处理、无领导小组讨论、角色扮演是评价中心常见的三种方法。本模块通过对相关案例材料地阅读,使学生对评价中心的基本概念、功用、操作流程、所涉及主要方法及相关工具形成一个初步地认识和了解,了解评价中心报告的撰写,并学会在实际的人力资源管理中应用评价中心的多种工具。

【实训场地】

开放式实训室

【实训准备】

一、知识储备

- 掌握评价中心相关术语的基本范畴;
- 掌握评价中心的适用对象;
- 了解评价中心的基本操作流程;
- 掌握评价中心所涉及的主要工具;
- 掌握评价报告的构成要素、表达方式、报告数据分析及内容分析方法、撰写原则及注意事项;
- 理解评价中心在人力资源管理中的地位与作用。

二、能力要求

- 各小组成员课前应充分利用各种资源,通过各种方式掌握学习内容;
- 各小组成员通过协作完成实训任务,按要求的形式(Word/PPT 等)展示作业;
- 各小组展示作业的代表同学语言表述应流利清楚,并在展示中突出本次实训的重难点;
- 各小组展示作业后的提问过程中要求各个成员都能积极参与回答同学的提问,而不是集中于某个或某几个同学;
- 课后各小组应对课堂内容及本次作业进行总结、修改,争取下次做得更好。

【实训资料】

材料一：

某企业在绩效管理中利用评价中心技术的流程,如表 8-1 所示。

表 8-1　流程表

时间			项　目
天数	时分起止	时分数	
第一天	18:00—19:20	80	晚餐
	19:20—19:30	10	致辞
	19:30—19:40	10	介绍日程安排
	19:40—20:40	60	个人自我介绍
第二天 上午	7:30—8:00	30	早餐
	8:00—8:10	10	向评委介绍
	8:10—8:15	5	解释"无领导小组讨论"
	8:15—9:15	60	无领导小组讨论
	9:15—9:30	15	休息
	9:30—10:20	50	评委评分
	10:20—10:25	5	解释"公文处理"
	10:25—11:30	65	公文处理
	11:30—12:30	60	午餐/休息
下午	12:30—13:30	60	案例分析/阅读公文处理结果做采访准备
	13:30—13:35	5	解释"辩论"
	13:35—15:05	90	辩论
	15:05—15:20	15	休息
	15:20—16:20	60	评委评分
	16:20—17:50	90	采访谈话/16PF 测验
	18:30		晚餐/休息
第三天	8:00—8:05	5	解释"演讲"
	8:05—8:35	30	准备演讲
	8:35—11:35	180	演讲
	11:35—13:00	85	午餐/休息
	13:00—14:00	60	回顾总结

材料二：

美国电报电话公司评价中心案例

美国电报电话公司选择了 25 个评价变量对每个被评价者进行评价。

这 25 个变量分别是：组织和计划能力、决策能力、创造力、人际关系技能、行为的灵活性、个人活力、对不确定性和事物变化的容忍力、应变能力和压力的承受力、学习能力、兴趣的广泛性、内在的工作标准、工作绩效、语言表达能力、社会角色知觉能力、自我努力目标、精力、期望的现实性、遵守贝尔系统价值观的程度、社会目标、成长提高的需要、忍受延迟报酬的能力、受到上级称赞的需要、受到同事赞许的需要、目标灵活性和安全的需要。

在 12 个人组成的专门评价中心中，被评价者用三天半的时间应试。在此期间，所使用的测评技术包括：纸笔测验、文件筐测验、投射测验、面谈、参与集体问题解决、无领导小组讨论。每个被评价者还要填写一份个人履历调查表、简短的自传文章和一份由 70 个项目构成的调查表。接着，评价人员对每个被评价者按照 25 种评价变量进行评价，并用文字概括每个人的表现。

通过对评价变量的因素分析，产生出 7 种要素，这 7 种要素是评价的基本内容。在这 7 种要素中，最重要的是行政管理技能和人际关系技能。其次是智能、绩效的稳定性、以工作为定向的激励和职业导向，这几种要素的重要性是相互平行的。第 7 种要素对他人的依赖性最不重要。

下面是这 7 种要素的测评手段。

- 行政管理技能：文件筐测验；
- 人际关系技能：无领导小组讨论、制造问题法；
- 智能：纸笔能力测验；
- 绩效的稳定性：文件筐测验、无领导小组讨论、制造问题法；
- 以工作为定向的激励：投射测验、谈话和模拟方法；
- 职业导向：投射测验、谈话和个性测验；
- 对他人的依赖性：投射测验。

材料三：

评价中心总结报告

——一个理想的服务中心经理候选人

对 C 君的评价比起其他候选人来要高得多。C 君有 40 岁了，外表端正、整洁。在评价访谈中，C 君来到评价员面前总是显得轻松、机智，对答如流，讨人欢喜。他陈述了实现目标的措施，对工作和公司显示了极大的关切。他受教育和工作的经历激发了他的动机和内趋力。举例来说，他在技术夜校毕业以后，每年还继续攻读至少一门课程，几乎不论到哪个组织工作，他都承担了或者曾经承担了高级职员的职务，而且他的兴趣相当广泛。

在访谈中，他提到在目前的处境中有两点不甚满意。第一点，他感到自己没能使上层管理人员相信他的能力以及他的一些见解中的价值。第二点,他感到自己花费在文书工作上的时间比起技术管理要多得多。

在"一对一"的练习中,C君表现得很融合。他对怒气十足的顾客来电处理得非常好。C君询问顾客的意见,当他去查找原始资料时,顾客握住电话不放,等待他的回答。显然,C君并不赞同顾客的意见,但他非但没有产生对抗情绪,反而显示了极大的智慧。最后C君同意带一个专家到顾客家里去。评价员认为C君对客户投诉电话的处理能力大大超过平均水平。

C君对"文件筐"和访谈掌握得也很好。可能讲话多了一些,但他从容不迫,泰然自若,在谈话中充满了自信。然而,在接待申请工作的谈话中表现得不够理想。他利用不少时间作了准备,但没有做出系统的计划和组织,没把关系搞好。他没有做好对公司的宣传,没有发现申请者履历上的漏洞,也没有发挥领导作用。

C君通过了四个无领导小组练习和两个管理学习游戏的评价,在每一个案例中,他的个人影响、群众关系、贡献的数量和质量都远远超过平均水平。他受到群众的欢迎,没有得罪过任何一个人。他说话的时候别人都听着,同时他对别人的反应总是很敏感。在一个案例中(解决一个问题的工作组),小组的另一个成员把他引入了困境,当他觉察以后马上给予帮助。在集体情况中他没有失败过,不论是评价员还是同事们都对他评价很高。

就领导能力来看,他的表现有好有坏。在制造公司游戏的开头,他感到混乱,不稳定。他理解得很慢,但当他认识到这个游戏是怎么回事的时候,他就变得积极了。他虽没有去领导小组,但也帮助制订了决策。在职员服务中心讨论中,他静悄悄地坐着一言不发。在对犯规处理的集体讨论中,他没有真正表示他的见解,表现得怕得罪人。在集体讨论中他有短时间处在领导地位,但没有持续下去。在零售游戏中,他试图去领导,但小组的第二个成员感到游戏不太容易理解,而第三个成员却严格地独自进行了操作。

在主管人实践的集体讨论中没能真正产生一个领导,C君说服两个人改变了主张。在财务分析的集体讨论中,他给小组提供了几点意见,博得了同事对他的好评。

C君在对人际关系的敏感性评价中超出平均水平。在练习中没有一次得罪过人,几次在对待怒气十足的顾客上他也没有得罪过人——他对别人非常敏感,并考虑别人对他的评论。

C君精通财务,他对情景熟悉得快,并能做出正确的决策。在经营割草机的财务分析上,他判断正确,反应恰当。在零售商店游戏中,他熟悉得很快,不怕担当一些风险。他对怒气十足顾客的电话处理的也很好,没有损失任何经济利益。在制造公司游戏中,他分析判断得也好,帮助小组得到了高利润。他具有独到见解,带领小组转败为胜。

C君在"文件筐"的30个文件中只处理了17件,但处理得很深入。他过迟地察觉到自己已来不及完成全部文件。他解决了两个处在困境的下级人员的问题,注意到他们需要再受训练。他发现利用组织途径解决问题的方法,安排处理送上来的文件日期,懂得计划性的需要。他对问题总是处理得很好。

归结起来,他有下列特征。

优点:

■ 动机受到激发,要求上进;

- 显示了强有力的处理人与人之间关系的技巧；
- 群众关系良好；
- 机智；
- 一般来说经得起紧张；
- 管理技能良好；
- 精通财务；
- 有平均水平的智能。

缺点：

- 缺乏良好的接待技巧；
- 对认可有高需求；
- 一旦下了决心，思想方式僵化。

对 C 君培训发展的建议：

对 C 君作为服务中心管理人员候选人的评估远远超过平均水平。在顾问的关心和指导下，一年以内应该做好提升准备。要做一个周到的发展培训规划，保证他接触中心各方面的工作，让他接触一些区域的人员，使他理解服务中心颁布文件的根据。他需要提高接待访谈和评价的经验，但一定要在严密的指导下进行，一直要等到他对接待工作有了领会为止。

资料来源：寇家伦.人才测评.北京：中国发展出版社，2006

材料四：

评价中心的报告样例（龚淼女士），如表 18-2 所示。

表 18-2 评价中心的报告

胜任力名称	评价中心活动中的表现
沟通与交流能力 （行为定义略）	对于从口头信息交流中提取信息的能力，龚淼女士被评定为高于平均水平。在管理问题练习中，她时常澄清别人的话，使它们容易被人理解，这表明她理解了发言人的思想意图。她还向他人提出了一些问题，这些问题对讨论的内容来说十分重要，说明她很仔细地听谈话的细节。在练习中，她很快抓住发言中的重点，并做出反应。她还纠正了另一名参与者在金额上的计算错误。在销售战略练习中，她再一次澄清了其他小组成员提出的问题。在讨论中她时常要求别人重申观点，试图知道他人在分析一个问题时所依据的具体理论基础。
分析问题的能力 （行为定义略）	在根据获得的有关信息，发现问题、找出造成问题的原因并提出解决的途径和方法方面，龚淼女士在大多数浅层次具体问题的解决能力上高于平均水平，但在一些较高层次的战略问题和深层次问题的分析把握上，仅处于平均水平。一般来说，龚淼女士在分析一般问题方面是很有成效的，但是当问题需要深入分析和深思熟虑时，她的成绩就不那么突出。 她在公文处理练习和销售战略练习中未能达到规定的标准。她未能领会公文中各种备忘录的含义，认为每个备忘录都是孤立的。她似乎将许多问题简单化了，仅仅处理了备忘录上写得最明显的事情。在销售战略练习中，她做了一些毫无根据的假定（如年纪较大的销售人员知识肤浅，他们的工作动力是增加销售额的关键）。她还没有搞清楚一名参与者所提出的建议的细节，那项建议会使销售甲和乙两种产品的批发商和公司的销售员产生争执，令人遗憾的是，龚淼女士支持了这个不正确的建议。

续　表

胜任力名称	评价中心活动中的表现
判断能力 （行为定义略）	这主要是指根据目前已收集到的事实做出正确决定的能力。她在这方面的成绩低于平均水平。在公文处理练习中，她给下属人员的指导是很不够的，避开了很多重要或困难的项目。这种做法会在公司中造成相当严重的问题。 　　在销售战略练习中，她提出的很多建议是根据练习中毫无根据的假定做出的。一个例子是，她建议延长顾客应付账单与推销员收账的时间间距。在做这项决定时，她并没有考虑到那会造成流动资金占用的问题。
计划和组织能力 （行为定义略）	计划和组织是指为达到一个具体目标而采用一定的步骤、安排人力资源配备。在适当地选派人员和分配资源使用方面，龚淼女士被评为平均水平之下。 　　在公文处理练习中，龚淼女士未曾将工作项目按先后次序排列，或者即使排列了，她对各个工作项目重要程度的认识也是不足的。很多工作项目她可以安排她的下属或辅助人员去完成，但她却选择了自己亲自去做这些工作，而忽视了她应该优先处理的经营战略问题。她还不能有效利用她的下属售货员去为她收集足够的信息，以致她在面对一些困难时未能做好充分的准备。
管理控制能力 （行为定义略）	这项工作包括制定标准，并根据标准衡量工作成效，采取一定的措施和手段去监督、调节、纠正偏离标准的偏差。龚淼女士在采取行动去监督委派上和项目的结果方面被评定为低于平均水平。
总评价	根据工作说明书中对任职资格的规定来判断，从其现有的工作能力来看，龚淼女士担任地区销售经理之前，对几项重要的管理能力要接受较多的培训。

资料来源：刘远我.人才测评：方法与应用.2版.北京：电子工业出版社，2011

材料五：

评价中心在人力资源管理决策中的应用

1. 人员招聘

在组织中，管理人员的招聘失误可能会导致公司在财务、经营管理和发展规划上遭受巨大的损失，因此管理人员的招聘对企业来说至关重要。评价中心技术作为一种综合测评技术，其多方法、多评价者的优势，无疑可以在管理人员的招聘中起到汰劣择优的作用。

在实践中，我们用评价中心技术为许多企事业单位提供人才招聘服务。某银行的一个省级分行刚成立时，面向全国公开招聘客户服务部、信贷部、办公室等七个部门的副职主管，结果通过简历筛选的候选人就达 200 人之多，为了保证人员选拔的质量，该分行领导请咨询公司用评价中心技术为其服务。首先，让 200 名候选人参加了为期一天的笔试，内容包括银行综合知识、职业能力倾向测验、管理技能测验，由此淘汰了基本素质不过关的 138 名候选人；第二天，对剩下的 62 人进行了情景模拟测试，方法包括文件筐测验、案例分析和无领导小组讨论；第三天，又对这 62 人采用半结构化的方式，进行分组面试。最后，为该分行此次招聘活动提供了录用决策建议。由于在整个测评过程中，该分行的高层领导始终参与其中，他们也清楚地看到了各种候选人在评价中心中的表现，这使他们深深感到评价中心的科学性和有效性。由于通过评价中心招聘的人员素质都不错，因此在实际工作中他们的工作绩效大都比较优秀。

2. 人员任用与晋升

通常,对于一个管理人员往往有多个岗位可以安置,理想的情况是岗位胜任力要求与个人优势相匹配。在安置管理人员时使用评价中心,可以寻求最佳人职匹配。例如,宏观思维能力比较强的人可以更多地参与到规划工作中,而那些计划能力差的人则可以被安排到计划能力强的人手下工作。当公司的一个重要岗位有了空缺,必须从内部选拔接替者时,经常是从工作表现好的管理者中选取;而事实上,在某个管理层次上干得好的人未必就是高一级管理岗位的合适人选。在晋升时,最可靠的办法就是采用评价中心技术,以考察被评价者在目标岗位上的潜能。例如,美国科罗拉多州福特科林斯市的警察局曾设计了一套情景测验,向候选人提出其在未来岗位上可能遇到的与人打交道的难题,当与愤怒的市民对峙时,看他们是否能够保持镇静而不做出过激反应。由于评价中心的情景性极强,可以依据目标岗位设计活动,选择合适人选。有了这个客观、翔实的资料作为参考,组织就可以成功地找到合适的人选。

3. 人力资源普查

人力资源管理的目的就是充分开发和利用组织系统中的人力资源,因此就需要对公司内部人员的发展潜能、职业倾向、专业素质等有一个全面的了解。多数情况下,直接上级往往通过面谈来评估下属,这是很不够的。这种情况下,评价中心可以用来评估员工的能力和潜能。国内某知名上市公司高层领导一直很重视人力资源的开发和利用,为了掌握公司内部的人力资源状况,公司曾请我们应用评价中心技术为其现有的中高层管理人员提供人力资源普查服务。我们综合应用了履历分析技术、心理测验、文件筐测验、小组讨论、角色扮演以及 360 度评估法,对该公司每一位中层以上管理人员进行了全方位的测评,并为公司提供了每一位受测者的详尽测评报告,同时提供了公司人力资源状况的总体报告,先后历时 6 个月,评价中心严格的设计要求和严谨的操作实施过程给该公司的高层管理人员留下了很深的印象。此后,该公司面向全国招聘人力资源总监时也采用了评价中心技术。

4. 人员培训

所谓培训,就是传授在组织内发挥作用所必需的个人知识、技能、能力和其他特征,培训是挖掘人才潜能的必要手段。评价中心可以用于诊断员工的缺陷,在对在岗人员进行综合素质分析的基础上,根据具体情况设计有针对性的培训计划,按计划开展相关的培训活动,培训后做出效果评价。例如,美国陆军战争学院设计了一系列主要包括自我评价在内的评价中心活动,通过此活动,高级军官们意识到自己的发展需求,并且以此为依据设计了一个学年的学习安排。采用评价中心方法开展培训要重视受训人员的主动参与,锻炼他们的思维能力和实际工作能力。培训方式包括敏感性训练、管理角色训练、事件处理训练和拓展训练等。评价中心有助于更好地体现员工的自身价值,使员工素质的提高与公司的发展紧密联系。

5. 裁员

当一个组织由于经济原因或者结构性调整必须减员时,让谁走让谁留是一个艰难的决定。霍夫曼公司的保安部曾用评价中心模拟部门重组后的工作要求,让每个员工都有机会展示他胜任新任务的能力。参加评价中心的员工们都说,这种方法提供了展示相关技能的平等机会。与依据资历或是依据直接上司对目前工作表现的评估所做出的裁员决策相比较,他们更能接受评价中心。

【实训步骤】

1. 材料阅读。

2. 分析案例,分组讨论。

3. 作业展示:

■ 各小组应按要求的形式展示本次作业成果;

■ 作业成果应简洁清晰;

■ 作业成果中应包含本次实训要求展示的各项内容;

■ 作业成果中应突显本次实训的重难点;

■ 作业成果不能有错误内容(否则按实际情况扣除相应分数)。

4. 教师点评。

5. 成绩评定。

【实训报告】

1. 什么是评价中心?

2. 评价中心的功用有哪些?

3. 评价中心的基本流程是什么?

4. 评价中心的主要方法是什么?

5. 如何撰写评价中心报告?

【实训成绩评定标准】

一、实训成绩评定依据

1. 实训报告的准确、完整程度。

2. 参与实训的态度和纪律。

二、成绩评定等级与标准

A:报告准确完整,态度端正;

B:报告较准确完整,态度较端正;

C:报告基本准确完整,态度基本端正;

D:报告尚准确完整,态度尚端正;

E:报告不准确完整,态度不端正。

实训项目 19：文件筐测验

【实训目的】

文件筐测验是评价中心最常用、最核心的技术之一。测验是在假定的情景下实施，是对实际工作中管理人员掌握和分析资料、处理各种信息及做出决策的工作活动的一种抽象和集中。本模块通过对相关案例材料的阅读，旨在使学生对文件筐测验的基本概念、公文包设计、测验实施流程、评价报告撰写形成一个初步了解和认识，学会在实际的人力资源管理中应用文件筐测验这种工具。

【实训场地】

开放式实训室

【实训准备】

一、知识储备

- 掌握评价中心相关术语及基本范畴；
- 掌握文件筐测验的基本概念及测验原理；
- 了解文件筐的公文包设计：指导语，背景材料，公文材料；
- 掌握文件筐测验的实施流程；
- 掌握文件筐测验的评价标准；
- 掌握文件筐测验报告的撰写。

二、能力要求

- 各小组成员课前应充分利用各种资源，通过各种方式掌握学习内容；
- 各小组成员通过协作完成实训任务，按要求的形式（Word/PPT 等）展示作业；
- 各小组展示作业的代表同学语言表述应流利清楚，并在展示中突出本次实训的重难点；
- 各小组展示作业后的提问过程中要求各个成员都能积极参与回答同学的提问，而不是集中于某个或某几个同学；

- 课后各小组应对课堂内容及本次作业进行总结、修改，争取下次做得更好。

【实训资料】

材料一：

公文处理案例一

指导语：

"文件筐测验"是工作情景模拟活动的方式之一。它通过向您介绍一种模拟的工作情景，让您"扮演"一给定的角色，在规定的时间内处理一批文件，从而了解您在模拟情景下的工作能力，根据您的这种表现来推断您在真实工作情景中的潜力和胜任能力。咨询顾问将就几个与领导力有重要关联的方面对您进行评价。所以，您在测验过程中必须态度认真，尽快进入角色，按要求对文件做出适当处理，充分展示您的才能与优势。

在文件筐测验处理过程中，您必须遵守以下规则要求。

1. 您必须对所有的文件给出自己的处理意见（或方案），同时还得写明处理的依据或理由，分别写在对应的"您的处理意见"和"处理依据或理由"栏内。

2. 对于文件的处理意见（或方案），要求语言表述准确、清晰，以便相关部门能按您的意图执行。

3. 为了全面了解您的能力优势，请务必在对每个文件做出批示之后，完整写明您处理该文件的依据或理由，处理依据或理由主要是要求把您思考问题的过程和内容用文字表述出来。

4. 凡需交下属执行的，请注明承办部门、相应的处理原则或方案；凡需答复的函电，请写明内容要点，以便秘书为您拟稿或答复；凡需召开会议或召见人员的，请将时间、主题、大致内容、参加者批告给秘书，以便秘书通知安排。

5. 您必须在90分钟内完成所有文件的处理。

情景假设：

今天是2003年4月21日，星期一。从现在起的90分钟内请您暂时忘记自己的姓名，忘记自己的本来职位，而设想自己的名字叫程靖华，您的身份是四季花园旅游饭店的总经理，您在该职位上已经任职一年。

四季花园旅游饭店是四星级的旅游饭店，下设总经理办公室、客房服务部、餐饮部、公关部、行政与人事部、财务部、市场部、采购部、商务部，共有员工300多人。

现在是4月21日下午3点钟，4点30分您必须去主持一个重要会议，因此您总共只有一个半小时的时间来处理下面这些文件。您的秘书已经为你推脱了所有的事务，这段时间不会有人来打搅您。但抱歉的是，电话线路正在整修，处理这些文件时您也无法和外界联系。

测验材料：

文件 1

内部请示报告

程总：

客房部在分析最近几个月的旅客来源时发现，入住我们饭店的日本游客较去年同期有所增加，预计还有不断增加的趋势，但餐厅和客房部的服务员绝大部分不懂日语，平时接待工作还得依靠翻译，十分不便，有时还会发生误解客人服务请求的情况，这对饭店的形象和生意都带来一定负面影响。我们考虑两条解决方案，请您定夺。

方案一：招聘部分懂初级日语的服务员，如果为每个楼面配 1 名、五个餐厅各配 1 名的话，得新招聘 12 名这样的服务员。他们的工资估计比同级别的员工高 10%～15% 左右。

方案二：对现有的服务员进行初级日语培训。考虑业务需要，可主要培训与工作相关的日语日常对话，训练其基本的日语听、说能力。通常这样的培训可以选择轮流选送部分员工外训或请相关的培训师到公司来内训两种方式。

行政与人事部

2003 年 4 月 18 日

您的处理意见：

处理依据或理由：

文件 2

邀请函

程先生：

我谨代表组委会真诚地邀请您参加于 5 月 10 日举行的"2003 年旅游文化节开幕式"，并请您在大会上作相关主题演讲。

大会将于 9：30 开始，您的演讲将安排在 10：10 左右，时间大约 40 分钟。会议地点在国际博览中心。

2003 年旅游文化节组委会秘书长　长江

2003 年 4 月 18 日

（本文件要求：您必须设计好一个相关的演讲主题，并用 3～5 句话拟定好演讲大纲，以便相关人员为您进一步准备演讲稿）

您的处理意见：

处理依据或理由：

文件 3

电话留言

程总：

向您汇报一个重要情况：

最近由于受非典型肺炎事件的影响，已经先后有 6 个旅游团队取消五一度假订房计划，其直接后果就是预计这期间的客房空置率将达到 42%，这与往年旅游旺季客房入住率高达 99% 相去甚远。

前几天市场部、客房服务部和公关部几位相关负责人一直在研讨有关对策，目前还没有会议报告及解决方案呈送我办。

总经理办公室主任　王慧

2003 年 4 月 18 日

您的处理意见：

处理依据或理由：

文件 4

内部请示报告

程总：

餐饮部联合客房服务部最近就入住客户及用餐基本情况做了一项调查，发现 82% 的入住客户在我们饭店所属的 4 个中餐厅及西餐厅用早餐（其中有 90% 的房客享受免费赠送早餐），但午餐和晚餐在本饭店用餐的比率分别只有 27% 和 44%，导致餐饮部在本年度第一季度对公司的利润贡献率不到 5%。调查发现，客人们普遍反映在饭店餐厅用餐价格偏高、餐饮缺乏特色，但基本认可我们的服务，总体上我们认为本饭店的餐饮部与周边的餐饮业相比缺乏竞争力，因此打算做出相应的改革调整。

特此报批。

餐饮部

2003 年 4 月 17 日

您的处理意见：

处理依据或理由：

文件5

内部请示报告

程总：

　　我们饭店所在的宁圣街道居委会转来一封群众来信，信中反映我们饭店的排风机噪声太大，且排出了大量油烟，影响了部分居民的休息和正常生活，要求我们尽快处理此事。

　　该如何处理，请程总示下。

秘书　黄霞

2003 年 4 月 18 日

　　　　附（群众来信）

街道居委会：

　　我们是宁圣公寓的住户，靠近我们公寓的四季花园饭店所产生的噪声和大气污染严重干扰了我们的正常生活：该饭店的厨房排风机正对着我们公寓大楼，每天排出大量的油烟和热气，害得家住二、三楼的居民整天不敢开窗，而且排风机的噪声也很大，影响我们的正常休息。

　　望居委会能出面协调处理，还我们一个正常的生活环境。

宁圣公寓部分住户

2003 年 4 月 7 日

　　您的处理意见：

　　处理依据或理由：

文件6

内部请示报告

程总：

　　上周重庆星光旅行社发来一封传真，希望能与我们饭店建立长期合作关系，该旅行社主要负责组团前来华东旅游（包括上海、杭州、苏州及周边地区），客源主要是重庆地区的游客。之前星光旅行社在上海的合作伙伴是另一家四星级宾馆友谊宾馆，因为多方面的原因他们已经于半个月前解除了合作关系。

　　我们部门已经去电表示愿意合作，但了解下来发现对方一直坚持要我们把客房价格优惠至 4 折以内，并说明如果这样可以保证每个月至少 4 个规模约 50 人的团队到我们饭店住宿消费。但他们的要求似乎太苛刻了一些，如果客房价格优惠至 4 折以内，我们的利润空间就会很小，而且其他的旅行社若了解了该情况，恐怕会要求同样待遇。

　　此事我们该如何处理？请您示下。

市场部

2003 年 4 月 17 日

您的处理意见：

___

处理依据或理由：

___

文件 7

电子邮件

发件人：张宏

收件人：程靖华

主题：请求领导帮助

时间：4 月 18 日　17：00

程总：

您好！由于公司业务迅速发展，客房服务部越来越忙。现有几个问题亟待解决：

1. 我们的服务员太辛苦了，他们已经很长时间经常加班又无法安排轮休，有不少服务员或申请加班补贴或申请休假，但在目前的情况下我们认为难以满足他们的要求；

2. 新来的几位服务员一直没有接受正式的培训，应该尽快安排她们的培训；

3. 有几位服务员投诉领班，说她办事不公正，在分派任务时偏心，有时还故意刁难服务员。

客房服务部经理　张宏

2003 年 4 月 18 日

您的处理意见：

___

处理依据或理由：

___

文件 8

情况汇报

程总：

昨天收到一封税务部门的来信，信中说有人反映我们公司在发季度奖时有偷税漏税的问题，让我们先行自查并配合随后税务部门的检查工作。

您对此项工作有何指示？

财务部

2003 年 4 月 18 日

附（税务局来信）

四季花园旅游饭店：

接群众来信举报，反映你公司在发季度奖时有偷税漏税问题。请公司财务先行自查，我们将于 4 月 28 日派人前来查证，望配合税务人员的工作。

长宁区税务局

2003 年 4 月 17 日

您的处理意见：

处理依据或理由：

文件 9

情况汇报

程总：

一个月前，我们委托猎头公司找来了具有丰富经验并取得过相当成绩的冯晓影任公关部经理。但近来公关部却反映出一些情况，因多种原因公关部副经理与冯晓影工作上配合得不尽如人意，并产生了一些矛盾，这对公关部员工的情绪和工作产生了不利的影响，有时甚至影响了公司的整体形象。我们认为此事关系重大，应该向您报告。

该采取什么样的解决方案，请您示下。

行政与人事处

2003 年 4 月 16 日

您的处理意见：

处理依据或理由：

文件 10

情况汇报

程总：

您好！

上午我们接到区消防局的电话通知，说我公司上次的消防安全检查没有通过，4 月 28 日他们将组织一个有关加强消防意识的会议，请公司的负责人务必出席。会议具体时间是 4 月 28 日上午 9 点 30 分，地点在区消防局办公大楼五楼会议室。

公关部部长　万进

2003 年 4 月 15 日

您的处理意见：

_____

处理依据或理由：

_____

材料二：

公文处理案例二

指导语：

"文件筐测验"是工作情景模拟活动的方式之一，它通过向您介绍一种模拟的工作情景，让您"扮演"一给定的角色。在规定的时间内处理一批文件，从而了解您在模拟情景下的工作能力，根据您的这种表现来推断您在真实工作情景中的潜力和胜任能力。咨询顾问将就几个与领导力有重要关联的方面对您进行评价。所以，您在测验过程中必须态度认真，尽快进入角色，按要求对文件做出适当处理，充分展示您的才能与优势。

在文件筐测验处理过程中，您必须遵守以下规则要求。

1. 您必须对所有的文件给出自己的处理意见（或方案），同时还得写明处理的依据或理由，分别写在对应的"您的处理意见"和"处理依据或理由"栏内。

2. 对于文件的处理意见（或方案），要求语言表述准确、清晰，以便相关部门能按您的意图执行。

3. 为了全面了解您的能力优势，请务必在对每个文件做出批示之后，完整写明您处理该文件的依据或理由，处理依据或理由主要是要求把您思考问题的过程和内容用文字表述出来。

4. 凡需交下属执行的，请注明承办部门、相应的处理原则或方案；凡需答复的函电，请写明内容要点，以便秘书为您拟稿或答复；凡需召开会议或召见人员的，请将时间、主题、大致内容、参加者批告给秘书，以便秘书通知安排。

5. 您必须在60分钟内完成所有文件的处理。

情景假设：

今天是2004年12月16日，从现在起的60分钟内请您暂时忘记自己的姓名，忘记自己的本来职位，而设想自己的名字叫张杰瑞，您的身份是KTH电子设备有限公司的总经理。今天是您在这个新岗位上工作的第一天，原来的总经理杜康先生因某种原因已于1周前匆忙离职，您要全权履行他的职责。您原来的职位是KTH集团股份有限公司的营销总监。

KTH电子设备有限公司隶属于KTH集团股份有限公司，集团公司成立于1990年3月28日，1997年12月改组为股份制公司，1998年3月28日，KTH集团公司A股股票在上海证券交易所挂牌上市。KTH集团现有总资产60多亿元，净资产10亿元。KTH电子设备有限公司是集团公司的全资子公司，于1996年8月成立，地处西南重镇重庆，以移动电话、固定电话为主导产品，兼及元器件、集成电路等电子设备的生产和开发。公司拥有强大的技术开发实力，每年新产品产值率在80％以上。先后成功研制和推出了一系列具有极强市场适应能力和竞争力的高新技术产品，特别是最近两年推出的几款移动电话产品非常受市场欢迎。KTH 电子设备有限公司现有员工 358 人，其组织架构图简单示意如下（略）。

接任总经理工作之前，您一直在处理原职位未了事宜，直到今天下午才进总经理办公室开始履行新岗位的工作职责。现在在办公桌上就有一大堆文件等着您处理，秘书因为健康原因需请假休息到明天才能来上班，因此您不得不独自处理一切事务。

测验材料：

文件 1

内部请示报告

杜总：

产品工程部上周反映情况说，最近两个月，因为赶生产进度，员工已经连续 7 周没有歇过双休日，并且几乎每天都有加班，大家都很疲倦，有许多员工并不满意现在的加班补贴（我们已经按照劳动法规定在法定劳动时间之外加班的给双倍工资），产品工程部的意见是新招一批技术员工，以减轻员工的工作负担。

我们到产品工程部去了解下来的情况跟他们反映的情况差不多，另外还了解到了有少部分员工流露出跳槽的意向（据我们所知，竞争对手早就有意从我们公司挖走部分技术员工）。

我们又找营销中心了解情况，看目前这种产品是否为长期旺销品。营销中心认为，出现这种局面仅是因为商家季节促销的原因，平时一般不会出现这么高额的订单。

因此人力资源部分析认为，目前这种时候暂不适宜招聘新员工，一方面因为工作量增大并非长期稳定行为；另一方面，新进员工可能因为技术不熟练，要他们适应新岗位的要求也需要一个重新培训的过程。因而，我们认为产品工程部提出的招聘新技术员工的建议不是解决问题的最有效方法。

我们的建议是：（1）提高加班补贴；（2）部分产品转包给其他公司。

不知您的意见如何？有何补充？

人力资源部部长　黄传

2004 年 12 月 5 日

同意。别无补充。

杜康　2004 年 12 月 8 日

张总：此件杜总已批示。我昨天又跟黄部长联系过，他们还没有形成最后的决策，想听听您的意见。您意下如何？需要调整吗？请示下。

秘书　王玲

2004 年 12 月 13 日

您的处理意见：

_____

处理依据或理由：

_____

文件2

情况汇报

张总：

上周接到一个客户投诉电话，说是在广州市场上购买了一款我公司的移动电话，用了没两天就出现频繁掉线的情况，送到当地质检部门检测说是手机质量有问题。公司已派人去广州了解情况，初步查明该顾客购买的手机是假冒产品。当时为平息事态已为该顾客更换同型号的手机一部。随后公司又在当地市场暗访发现同一型号同一款式的手机确实存在不少的假冒产品，它们以低于市场售价的40%销售。该款式型号的手机是我们公司今年4月投放市场的。

先向您汇报以上情况，进一步的情况我们正在调查处理中。

市场部　谢协

2004 年 12 月 9 日

您的处理意见：

_____

处理依据或理由：

_____

文件3

邀请函

杜先生：

我谨代表组委会真诚地邀请您参加于 12 月 20 日举行的"2004 年移动通信行业峰会"，并请您在大会上做相关主题演讲。

大会将于 9：30 开始，您的演讲将安排在 10：10 左右，时间大约 40 分钟。会议地点在香格里拉大酒店。

2004 年移动通信行业协会秘书长　汪城

2004 年 12 月 2 日

张总：

杜总当初答应了协会的邀请，并定下演讲主题为"e 时代的信息技术变革"，但现在他离职了，您认为应该如何操作以应对 20 日的会议，请指示。

秘书　王玲

2004 年 12 月 12 日

您的处理意见：

_____

处理依据或理由：

_____

文件 4

内部请示报告

杜总：

　　按照协议，第二批接受德国西门子公司半年技术培训的两名工程技术人员，应于 2005 年 1 月初动身。因为是培训技术人才，我们要求产品工程部和研发中心各提交两个候选人，四名备选人员名单昨天已送交到我部。请您审阅圈定，尽快告知我们，以便我们提早做出国培训、申请护照及签证等安排。

　　备选人员名单及基本情况如下。

　　1. 李建：男，30 岁，清华大学计算机系，1992 年毕业，现为研发中心设计工程师，1998 年进入我公司工作至今，英语可做一般口头交流。

　　2. 蔡琴：女，43 岁，大连理工大学电子信息系，1976 年毕业，现为研发中心高级工程师。英语读、说兼通，相当流畅。

　　3. 湛云：男，32 岁，西安交通大学精密仪器专业，1991 年毕业，现为产品工程部调试工程师。英语读、译能力较好，但口语较差。

　　4. 马敏：女，28 岁，电视大学电子专业，1995 年毕业，现为产品工程部助理工程师。英语可作初步交流（注：马敏系现任市长秘书的侄女）。

人力资源部　黄传

张总：

　　此件杜总未来得及批阅，请指示。

秘书　王玲
2004 年 12 月 13 日

　　您的处理意见：

　　处理依据或理由：

材料三：

公文处理案例三

指导语：

　　"文件筐测验"是工作情景模拟活动的方式之一，它通过向您介绍一种模拟的工作情景，让您"扮演"一给定的角色。在规定的时间内处理一批文件，从而了解您在模拟情景下的工作能力，根据您的这种表现来推断您在真实工作情景中的潜力和胜任能力。咨询顾问将就几个与人事管理能力有重要关联的方面对您进行评价。所以，您在测验过程中必须态度认真，尽快进入角色，按要求对文件做出适当处理，充分展示您的才能与优势。

　　在文件筐测验处理过程中，您必须遵守以下规则要求。

（1）您必须对所有的文件给出自己的处理意见（或方案），同时还得写明处理的依据或理由，分别写在对应的"您的处理意见"和"处理依据或理由"栏内。

（2）对于文件的处理意见（或方案），要求语言表述准确、清晰，以便相关部门能按您的意图执行。

（3）为了全面了解您的能力优势，请务必在对每个文件做出批示之后，完整写明您处理该文件的依据或理由，处理依据或理由主要是要求把您思考问题的过程和内容用文字表述出来。

（4）凡需交下属执行的，请注明承办部门、相应的处理原则或方案；凡需答复的函电，请写明内容要点，以便秘书为您拟稿或答复；凡需召开会议或召见人员的，请将时间、主题、大致内容、参加者批告给秘书，以便秘书通知安排。

（5）您必须在120分钟内完成所有文件的处理。

情景假设：

今天是2000年10月14日，恭喜你有机会在以后的2小时内担任泰华贸易公司人力资源部的副总经理。由于人力资源部的刘总经理正在外地分公司视察，因此，你将在他回来之前全权代理他的职务。泰华贸易公司是一家大型国有股份制企业，其人力资源部下设三个处：人事处、劳资处、福利处，分别处理人力资源调配、工资奖金和员工福利等多项工作。

现在是上午9点，在听取了下属的工作汇报，做好今天的工作安排之后，你来到办公室。秘书已经将你需要处理的近日积压文件整理好，放在了文件夹内。文件的顺序是随机排列的，没有任何意义，你需要自己去排序处理。你必须在2小时内处理好这些文件，并做出批示。上午11点在会议室还有一个重要的会议等你主持。在这2小时里，你的秘书会为你推掉所有的杂事，相信没有什么人会来打扰你。另外，很抱歉，由于电话线路正在维修，你在处理文件的过程中，没有办法与外界通话，所以，需要你以文件、备忘录、便条、批示等形式将所有文件的处理意见、办法，做书面表达，最后交给秘书负责传达。

在公司，你被员工称为"吴副总"或"吴总"。好了，可以开始工作了，祝你一切顺利。

测试材料：

文件1

内部请示报告

吴总：

前段时间，福利处对同行业员工福利状况进行了一次调查。就每个月用于员工的人均福利费而言，我们公司位于同行业的中上水平。但考虑到现在行业的激烈竞争和高流动率，为了增强我们的凝聚力和吸引力，我们认为，提高员工的福利待遇是一项有力的激励措施。因此，我们提出一项增加员工福利的计划，也就是将现在的人均福利费1000元/月提高到人均1500元/月的水平。不知您对这项计划的意见如何？请指示。

福利处

2000年10月×日

您的处理意见：

处理依据或理由：

文件 2

情况汇报

吴副总：

近几周来，有第三分公司员工反映他们的工资分配不合理，他们指责分公司经理王卫在进行绩效考核时不能客观、有效地对员工进行评定。此外，第三分公司还有克扣临时工工资的现象，导致临时工集体罢工或辞职。

此事如何处理？请您批示。

劳资处

2000 年 10 月 × 日

您的处理意见：

处理依据或理由：

文件 3

情况汇报

吴总：

收到一份通知，本月 20 日在北京饭店召开北京地区大型企业人力资源管理研讨会。届时到会的均为各企业人力资源部总经理或副总经理以及国内外一些人力资源管理专家和学者。您是否参加？请回复，以便我及早做出安排，办理相关报名事务。

开会时间：10 月 20 日　上午 8：00—11：30　下午 13：30—16：30

秘书

2000 年 10 月 × 日

您的处理意见：

处理依据或理由：

文件 4

内部请示报告

吴副总:

根据刘总经理上周指示,我们做了一个工资分配调整方案,基本思路是增加公司核心岗位上优秀员工的工资收入,吸引他们为企业长期服务,同时降低公司一般事务性岗位上员工的工资收入,因为他们可以很容易地被劳动力市场上的他人所替代,他们的流动不会影响企业的发展。

此方案当否,请批示。

劳资处
2000 年 10 月 × 日

您的处理意见:

处理依据或理由:

文件 5

内部请示报告

吴副总:

近期各部门相继反映,由于我公司的不断发展扩大,部门事务性工作量大幅度增长,因此需要聘用一些专职秘书以缓解各部门的工作压力。以往我们的做法是从公司的员工中选拔能胜任此项工作的人员。总的感觉是,这些员工从事一般性秘书工作还可以,但从现代管理的角度出发,他们的个人素质限制了我公司秘书工作的质量和效率。因此,我们拟从社会招聘一批素质较高的秘书人员,人数大约 20 名,此项工作不知您的意向如何?

另外,如果决定招聘这些秘书人员,您是否参加面试?

人事处
2000 年 10 月 × 日

您的处理意见:

处理依据或理由:

文件 6

情况汇报

吴副总:

公司办公室转来一封群众来信。信中说公司总务处员工李小军在其居住地扰得四邻不安,群众很有意见。如果情况属实,将会对公司名誉产生负面影响,特别是其居住地附近住有我们公司重要大客户的一些中高级管理人员。总裁要求尽快处理此事。

秘书

2000 年 10 月×日

附(群众来信)

泰华贸易公司：

我们是富豪居民小区 24 栋楼的部分住户。贵公司员工李小军在我们这里租房居住。他经常在家中搞舞会接待朋友,唱卡拉 OK,夜里很晚也不结束,影响了我们正常的生活和休息。此外,他还常与社会上一些不三不四的无业人员来往密切,令人反感。希望贵公司能够对此人帮助教育。如果他继续这样下去,我们将与派出所联系解决。

24 栋楼部分居民

2000 年 10 月×日

您的处理意见：

处理依据或理由：

文件 7

内部请示报告

吴总：

根据我们的调查,公司中青年员工离职率高与公司现有住房制度有一定关系。目前,公司已停止为员工建设或购买住房,仅为员工提供住房补贴,让他们自行租房居住或由公司提供帮助向银行抵押贷款买房居住。但由于房价太高,中青年员工无力购买,租房又不稳定,员工没有安全感。我们考虑,是否可由公司出资建设或购买一些小型公寓,以适当价格出租给暂时无房的员工,并规定在一定的期限后迁出公寓,给后来的员工暂住。这样可以使中青年员工安居乐业,降低核心员工流动率。此建议当否,请指示。如果可行,我们将向总裁办公室提出报告。

福利处

2000 年 10 月×日

您的处理意见：

处理依据或理由：

文件 8

情况汇报

吴副总：

　　最近，从财务部的部分员工那里反映上来的一些情况引起了我们的注意。您知道，前两个月我们刚刚从其他公司调入了一位具有丰富管理经验和特长的刘东林任财务部经理，目的是为了进一步开展财务部的工作。但近来我们发现，因为多种原因使得原来的财务部副经理在与刘东林的工作配合上不尽如人意，并产生了一些矛盾。虽然两人之间的冲突尚未公开化，但已在财务部内部引起一些反应，并对工作和人员的情绪产生了不利的影响。这件事如何处理，想听听您的意见。

人事处

2000 年 10 月 × 日

　　您的处理意见：

　　处理依据或理由：

文件 9

内部请示报告

吴总：

　　由于受世界金融危机的影响，公司近来效益有所下降。目前公司承受较高的工资成本有一定困难。总裁提出适当降低公司的工资水平，但这又有可能造成企业核心员工流失。另外，如果真的降低工资水平，是降低固定工资水平还是降低奖金水平？请批示。

劳资处

2000 年 10 月 × 日

　　您的处理意见：

　　处理依据或理由：

文件 10

情况汇报

吴副总：

　　关于开展"如何建设我们公司的企业文化"的讨论现已告一段落，我们计划下周三上午10:00 召开一个中层正职以上管理人员参加的专题讨论会。会议主题是，如何确立公司的企业文化、怎样建设我们公司的企业文化。会上想请您说一说对这个问题的看法。届时我们准备把您的讲话要点打印成文件下发。望您务必参加，并将您的看法写成文字资料交给我们以便打印。

人事处

2000 年 10 月 × 日

您的处理意见：

___

处理依据或理由：

___

文件 11

情况汇报

吴副总：

我们对近年来人员变动情况进行了统计，将结果呈报给您。为了减少人员流动、保持员工的相对稳定性，我们采用了许多手段，如提高福利待遇水平，增加工资性收入，提高本公司工龄津贴水平，但总觉得收效不明显。我部对此问题探讨了很久，尚不能确定问题的症结何在，望您指示。

人事部

2000 年 10 月 × 日

您的处理意见：

___

处理依据或理由：

___

文件 12

内部请示报告

吴副总：

我们根据总裁办公室的意见，分析了目前公司工资水平及工资结构。与同行业其他公司相比，本公司的工资水平处于中上等，但这并未能对员工提高工作绩效产生良好的推动作用。我们认为，这可能是因为公司的固定工资和绩效奖金的比例不尽合理。目前，前者与后者的比例大致为 8：2，绩效奖金所占比例太小，同等资历的员工的收入相差不大，即使他们的工作绩效大不一样，也未能产生良好的激励作用。因此，我们建议调整公司的工资结构，将固定工资与绩效奖金的比例调整为 6：4 或 5：5。

此建议当否，请批示。

劳资处

2000 年 10 月 × 日

您的处理意见：

处理依据或理由：

材料四：

文件筐测验报告(范例)

被试者按要求对全部文件进行了处理。

■ 被试者同意张文辞职处理,并安排王军进行谈话,说明被试者的分析能力不足。没有认识到张文辞职背后所隐含的公司人力资源管理问题的信息,表现出分析的深入性与全面性不够。

■ 被试者对投资失败的处理基本得当,要求追回损失,并制订弥补漏洞的方案,说明被试者分析的结构性较好,可以根据逻辑关系对事物进行分析推理。

■ 被试者批示由张总处理泰国客户接洽问题,和由人力资源部对公共关系部副经理人选进行考察,批示由人力资源拿出具体的薪资改革方案并限期上报,说明被试者具备良好的授权与控制能力,具备丰富的管理经验,尊重企业内部职能分工,对下属布置任务能够提出明确的标准与要求。

■ 被试者同意为定点生产企业付款,说明被试者有建立伙伴关系的意识,其处理依据说明被试者能够从长远合作的角度发现并建立伙伴关系,具备建立长期、稳固的合作关系的能力。被试者批示加快与长青基业公司谈判,并将谈判结果上报王总,说明被试者能够根据企业的利益诉求发现合作对象,并及时抓住建立合作关系的时机,说明被试者具备良好的建立伙伴关系的意识与能力。

■ 被试者对客户管理改革文件的批示是让张总处理,表面是被试者尊重内部职责分工,然而对于文件中提出的自己主管范围内的培训与制度建设工作视而不见,说明被试者缺乏创新的意识与勇气。对薪资改革的处理是由王总决定,表明被试者对变革过程中的阻力缺乏应对的策略,总体而言,被试者的创新与变革能力有待提高。

【实训步骤】

1. 材料阅读。

2. 分析案例材料,分组讨论。

3. 作业展示：

■ 各小组应按要求的形式展示本次作业成果；

■ 作业成果应简洁清晰；

■ 作业成果中应包含本次实训要求展示的各项内容；

■ 作业成果中应突显本次实训的重难点；

■ 作业成果不能有错误内容（否则按实际情况扣除相应分数）。

4. 教师点评。

5. 成绩评定。

【实训报告】

1. 什么是文件筐测验？

2. 文件筐测验所考察的主要内容。

3. 文件筐测验的设计：指导语，背景材料，公文材料。

4. 文件筐测验的基本实施流程。

5. 掌握文件筐测验的评价标准。

6. 如何撰写文件筐测验报告？

7. 文件筐测验的优缺点。

【实训成绩评定标准】

一、实训成绩评定依据

1. 实训报告的准确、完整程度。

2. 参与实训的态度和纪律。

二、成绩评定等级与标准

A：报告准确完整，态度端正；

B：报告较准确完整，态度较端正；

C：报告基本准确完整，态度基本端正；

D：报告尚准确完整，态度尚端正；

E：报告不准确完整，态度不端正。

实训项目 20：无领导小组讨论

【实训目的】

　　无领导小组讨论是评价中心常用的一种技术，是一种对考生进行集体测试的方法。无领导小组讨论通过给一定数量的考生一个与工作相关的问题，不指定谁是领导，让他们自由进行一定时间长度地讨论，来检测考生的组织协调、综合分析、洞察应变、人际关系处理、非语言沟通等方面的能力，以及个性特征和行为风格，以评价考生之间的优劣。本模块通过对相关案例材料的阅读，旨在使学生对无领导小组讨论的基本范畴、测验实施流程、评价报告撰写形成一个初步了解和认识，学会在实际的人力资源管理中应用无领导小组讨论这种工具。

【实训场地】

　　开放式实训室

【实训准备】

一、知识储备

- 掌握评价中心相关术语及基本范畴；
- 掌握无领导小组讨论的基本概念及测验原理；
- 掌握无领导小组讨论的实施流程；
- 掌握无领导小组讨论的评价标准；
- 掌握无领导小组讨论报告的撰写。

二、能力要求

- 各小组成员课前应充分利用各种资源，通过各种方式掌握学习内容；
- 各小组成员通过协作完成实训任务，按要求的形式（Word/PPT 等）展示作业；
- 各小组展示作业的代表同学语言表述应流利清楚，并在展示中突出本次实训的重难点；

■ 各小组展示作业后的提问过程中要求各个成员都能积极参与回答同学的提问，而不是集中于某个或某几个同学；

■ 课后各小组应对课堂内容及本次作业进行总结、修改，争取下次做得更好。

【实训资料】

材料一：

中东化工的无领导小组讨论案例流程

1. 准备阶段

（1）被试者抽签编组，每组 5～7 人；

（2）会议室按照要求事先布置好，为便于被试者交流讨论，呈半椭圆形摆放座椅，评委相对落座；

（3）在每位被试者桌前摆放有"1、2、3、4、5、6、7"等数学序号的席牌（在观察评价过程中评委只关心被试者的数字代号，而不需要关注其姓名等）；

（4）考虑到被试者在讨论过程中可能需要随时记录，可在每位被试者桌上放置纸和笔，保证测评环境的公平性；

（5）给每位评委发放测评所需材料（实施流程、讨论背景材料、测评指标评分等级表、行为记录及评分表、白纸、笔等）。

2. 实施阶段

（1）测评对象进入测评室，抽号入座，填报到表，助理人员要求他们将皮包等物品放到一边桌上，并关闭手机。

（2）主考官入场，宣读指示语

指示语：现在各位要接受的是一项能力测评活动。在这项活动中，要求大家以小组为单位就所给的材料及所提出的问题进行充分、自由的讨论。评委会根据大家在讨论中的表现进行评分。

材料介绍：

国源集团是某市国资委所属大型国有企业，前身为亏损的国有企业。在国资委的领导下，以产权制度改革为核心，以结构调整为主线，以产业发展、国有资本保值增值为目标，已经全面完成了企业的改制任务。近几年，在完成企业改制的基础上，国源集团全面落实科学发展观，积极拓宽经营思路，坚持全方位发展，注重多种经营并举，不断走出一条自我发展之路。目前集团已初步形成一个集研发、生产、销售于一体的综合性大型现代化工集团。在对集团资源和市场发展全面分析的基础上，集团制定了未来发展战略思路：主营业务收入突破 20 亿元，在所在区域成为现代化工行业的"领头羊"。随着集团的高速发展，集团未来发展战略的制定，集团的管理层也意识到管理和运营方面存在一些问题，主要体现在以下几个方面。

① 集团各个公司的业务发展在物力和人力的分配和支持上,没有全面的、系统的战略方案。

② 集团内部的企业之间资源完全没有相互利用,二级企业之间比较独立。

③ 企业在集团原有的资源基础上新业务进展缓慢,集团人员的知识和经验储备在新业务模式和市场运营方面不足。

④ 集团内部管理比较混乱,信息流通不够通畅。

为此,该集团的董事会多次开会研究领导班子的配备问题,但终究因意见不一致而未能做出决定。最终,他们决定在全国范围内公开招聘执行总裁,并请某管理顾问公司运用科学的人才测评方法帮助选拔总经理。

在接受委托之后咨询公司首先考虑了这样一个问题:在目前情况下,该公司最需要什么样的执行总裁?经过深入的调查分析,得到的结论是:尽管企业面临的环境比较复杂,但其中最核心的问题是内部的管理问题,有效解决内部管理问题是解决其他问题的前提条件。根据这一思路,确立了如下选人标准。

① 有很强的战略管理能力,能很好地为企业发展做好战略管理工作。

② 有很强的内部组织管理控制能力,注重运用企业制度与规则进行管理,规范企业行为。

③ 能够敏锐而准确地发现企业现存问题,思路开阔,考虑问题深刻而务实。

④ 有较强的处理人际关系的能力,善于驾驭复杂的内部关系和人际冲突。

⑤ 经营意识较强,经营观念与经营策略正确,准确把握市场方向。

⑥ 有较强的社会责任感和大局观。

经过初步筛选,并综合考虑候选人的素质特征,咨询公司推荐了 4 名候选人,交由公司董事会决策最合适人选,这 4 名候选人的基本情况如下。

李强先生:36 岁,博士学位。6 年前毕业后一直在本集团从事产品相关的管理工作,主持过集团多次的产品研发。现任公司副总经理,主管企业研发工作。李先生细致、沉稳,办事注重条理,认真负责。有良好的经营管理意识和能力。分析判断问题视野较宽,关注工作任务的完成,原则性较强。对企业组织管理有一定的认识,但深度不够,基本停留在经验水平上。言语表达和沟通说服能力较弱,人际关系处理技能稍有欠缺,经营决策能力与职位要求尚有距离。

王丽女士:35 岁,市场营销专业本科学历,现为深圳某大型电子有限公司的营销总监。思路开阔、自信敢为。热情进取,善于交流沟通。有较强的市场经营意识,分析判断问题视野较宽,不受条条框框的约束,关注各种机会和可能,有较强的成就动力。但思考问题不够专注和严谨,在人际方面分散精力过多,而在具体事务的处理方面持久性不够。对基础性工作重视不足。战略管理和决策能力与岗位要求有距离。

吴忠浩先生:38 岁,名牌大学企业管理硕士毕业。1998 年至今在一家国有药业公司担任总经理,业绩优良,使得该药业公司蒸蒸日上。但他从未深入接触过化工行业,对化工行业的运作也不熟悉。吴先生待人谦和,彬彬有礼,说话办事通情达理,在群体中威望很高;在理顺企业内部关系、制定规章制度、企业文化建设等方面有丰富的经验；重视企业内部人才培养，上下关系都能处理好，但创新能力有所欠缺。

李冰女士：39 岁，工商管理本科毕业。毕业后在一中型国有电子企业工作 10 年，在此工作期间获得 MBA 学位。1999 年至今在一家美国独资企业办事处担任首席代表，全面主持工作，业绩优良。她注重企业管理，注重组织结构的合理设置，处理人际矛盾能力非常强，思维灵活，沟通能力强，善于在群体中树立威望，有责任感，但开拓进取精神不是很强。

本次讨论大家要解决的任务是：代表该公司董事会做出最终的用人决策，从上述 4 名候选人中选出最适合的总经理人选，并给予详细的理由说明。

讨论中，请大家遵守以下规则：

① 在座的各位同属董事会成员，要求大家通过小组内充分、自由、深入的讨论来完成任务，总的讨论时间为 60 分钟。

② 讨论开始后，首先要求每个人轮流阐述自己的观点，时间不得超过 3 分钟；所有人阐述完毕后进行自由讨论，每人发言的次数不作限制。

③ 讨论过程中欢迎大家积极发表自己的见解，但小组最后必须就主题达成一致意见，即一个小组成员共同认可的结论，并能给予充分的理由解释。

④ 讨论结束后必须选派一名代表汇报你们的讨论结果和最终意见。

（3）被试者讨论阶段

① 测评开始前 2 分钟，由工作人员带领被试者进入会议室，随机就座，考官宣读指示语，介绍测评活动的性质；

② 工作人员给被试者发放讨论背景材料，主考官指示被试者阅读思考材料（6 分钟）；

③ 主考官宣读讨论规则，被试者开始讨论，评委观察、记录行为（60 分钟）；

④ 被试者代表汇报讨论结果，其他被试者补充发言（5 分钟）。

（4）评委评价阶段

① 被试者离开会议室后，在主考官的引导下，评委将观察记录的行为进行汇总；

② 对照"测评指标评分等级表"进行打分评价，主考官记录评委的评价意见（30 分钟）。

3. 评委评价注意事项

（1）被试者在测试过程中主考官和评委一般不干预他们的活动；

（2）被试者在讨论时，评委要集中精力进行观察，并把观察到的典型行为记录在"行为记录及评分表"对应的典型行为栏内；

（3）讨论开始 20 分钟后，评委也可以就部分指标进行打分评价，之后可根据情况进行修改；

（4）讨论结束后，评委应在主考官的组织下进行行为汇总，对照"测评指标评分等级表"进行独立打分评价；但对分歧较大的个案要多讨论，尽量回忆、结合被试者的表现，求得基本一致的评价；

（5）评分采用 10 分制，8～10 分代表优秀，5～7 分代表中等，1～4 分代表有差距，具体标准参照"测评指标评分等级表"，分数评价尽量以1分为间距，不要出现小数点；

（6）评分应尽量客观，紧扣标准，要拉开差距，敢于打出高分或低分，避免居中倾向等常见评价误差。

材料二：

无领导小组讨论面试评价法则及经典案例

1. 无领导小组讨论面试评分规则

（1）沟通能力

语言表达准确简洁、流畅清楚，能很好表达自己的意思，善于运用语音、语调、目光和手势。

（2）分析能力

分析问题全面透彻、观点清晰、角度新颖，概括总结不同意见的能力强。

（3）人际合作能力

能够尊重别人，善于倾听他人的意见，善于把众人的意见引向一致。

（4）计划性能力

解决问题的思路清晰周密，逻辑性和时间观念强，准确把握解决问题的要点。

（5）自信心

能够积极发言，敢于发表不同意见，善于提出新的见解和方案，在强调自己的观点时有说服力。

（6）组织协调能力

善于消除紧张气氛并创造一个大家都想发言的气氛，能有效说服别人，善于调解争议问题。

2. 无领导小组讨论考察个人加分项

（1）仔细倾听别人的意见并给予反馈

在倾听别人意见的同时记录对方的要点，抬头聆听对方并适时地给以反馈，比如一个点头示意等，表明自己在倾听其他成员的观点。

（2）对别人正确的意见予以支持

团队中每个人都具有创新的能力，但不意味着每个人都有支持别人的魄力。适时支持其他团队成员有助于团队按时完成任务，支持是相互的。

（3）适时地提出自己的观点并设法得到小组成员的支持

在团队中清晰简明地提出自己的观点和意见，并理性地证明自己的观点的优点和缺点，以期得到别人的支持。

（4）对别人的方案提出富有创造性的改进点

有时候很多成员会发现，前面发言的人有很多点可以说，但是轮到自己的时候可论点已经所剩无几，这时，可以对前面的某些论点予以补充和改进，这样可以拓展某些问题的深度和广度，会让考官感觉你不止停留在表面，而是挖掘了很多深层次的元素。

（5）在混乱中试图向正确的方向引导讨论

有时候小组讨论非常混乱，无中心、无目的、无时间概念。这时应以礼貌的方式引导大家向有序、理性的方向讨论。包括提示大家"时间"，当前最需解决的问题，以及是否应进入下一个讨论阶段等。即便引导最终没有成功，但是考官会欣赏你有这样的意识。

（6）在必要时候妥协以便小组在最终期限前达成结论

小组讨论通常都会有一个明确的目标，比如在什么场景下，遇到什么问题，运用什么资源，提出什么方案，达成什么结论。这是一个有特定任务和时间限制的团队项目。所以在任何情况下，只要有一丝可能都要尽量在最终期限前小组成员达成一致。

（7）具有时间观念

工作中的团队对时间观念非常在意，能否在最终期限前给出计划是很重要的。能够在自己陈述观点、倾听别人观点或是讨论中表现出时间观念是有加分的。

（8）能够对整个讨论进行领导

通常这是一把双刃剑。领导需要得到大家的支持，如果大家反对或无人配合，则自告奋勇地充当领导者角色会成为败笔。领导同样可以通过比较隐形的驾驭方式表现出来。

3. 无领导小组讨论个人的扣分项

（1）完全忽略别人的论述

通常表现为在别人发言时埋头写自己的演讲稿，对于别人的论述一无所知，并片面地认为只要表达自己的观点就足够了。

（2）不礼貌地打断别人

当别人在论述过程中，听到了与自己相左的观点便打断别人，开始自己的长篇论述。通常正确的做法是记下这些有异议的观点，待对方发言完后或讨论过程中再适时提出。

（3）啰唆

繁冗的陈述会令团队成员生厌，并表现出毫无时间观念。

（4）过激的语言表述

当不同意对方的观点时，尽量避免使用"我完全不同意××的观点"或"××的观点是完全错误的"等表达方式。更合理的表达可以为"××的观点虽然比较全面地分析了……但是在某些方面可能还有待改进的地方……"这里涉及沟通技巧的一些问题，需要平时的锻炼。

（5）搬出教条的模型以期压服别人

在分析某些案例时，很多人喜欢说"我觉得这个问题可以用XX模型来分析"，抛出所谓的"SWOT""4P"等理论，以期说服别人。可是理论永远是理论，代替不了实事求是、具体问题具体分析的方法。用理论模型套活生生的案例从一开始就不会被考官所认可，因为这样会显得你学院派味道太浓，不懂变通，与现实隔离。如果团队成员中有人不懂或者从未听说这个理论，则提出这个方法的人肯定会被减分，因为没有考虑到团队的其他成员。可行的方法是切忌说出这些理论的名字，而是根据具体问题，综合不同的模型，删减之后直接从浅显的地方入手，引导其他成员。

（6）否定一切，太自负

否定一切别人的观点，只认为自己的观点是正确的，这样很没意义。

（7）没有把握好领导者的角色

极力想表现自己的决策能力或者领导能力会招人反感。充当领导者的度很难把握，太强则会太自负，太弱则又与领导者的应有作用不相匹配。建议没有十足的把握不要轻易尝试这个角色。

4. 无领导小组讨论经典案例

经典案例一：海上救援（世界 500 强 LGD 面试题）

现在发生海难，一游艇上有 8 名游客等待救援，但是现在直升机每次只能够救一个人。游艇已坏，不停漏水。寒冷的冬天，刺骨的海水。游客情况：

（1）将军，男，69 岁，身经百战；

（2）外科医生，女，41 岁，医术高明，医德高尚；

（3）大学生，男，19 岁，家境贫寒，参加国际奥数获奖；

（4）大学教授，50 岁，正主持一个科学领域的项目研究；

（5）运动员，女，23 岁，奥运金牌获得者；

（6）经理人，35 岁，擅长管理，曾将一大型企业扭亏为盈；

（7）小学校长，53 岁，男，劳动模范，五一劳动奖章获得者；

（8）中学教师，女，47 岁，桃李满天下，教学经验丰富。

请将这 8 名游客按照营救的先后顺序排序。

（3 分钟阅题时间，1 分钟自我观点陈述，15 分钟小组讨论，1 分钟总结陈词）

经典案例二：面包与记者（世界 500 强 LGD 面试题）

假设你是可口可乐公司的业务员，现在公司派你去偏远地区销毁一卡车的过期面包（不会致命的，无损于身体健康）。在行进的途中，刚好遇到一群饥饿的难民堵住了去路，因为他们坚信你所坐的卡车里有能吃的东西。

这时报道难民动向的记者也刚好赶来。对于难民来说，他们肯定要解决饥饿问题；对于记者来说，他是要报道事实的；对于你业务员来说，你是要销毁面包的。

现在要求你既要解决难民的饥饿问题，让他们吃这些过期的面包（不会致命的，无损于身体健康），以便销毁这些面包，又要不让记者报道过期面包的这一事实。请问你将如何处理？

要求：

1. 面包不会致命；2. 不能贿赂记者；3. 不能损害公司形象。

经典案例三：荒岛逃生（世界 500 强 LGD 面试题）

私人飞机坠落在荒岛上，只有 6 人存活。这时逃生工具只有一个只能容纳一人的橡皮气球吊篮，没有水和食物。

角色分配：

1. 孕妇：怀胎 8 个月；

2. 发明家：正在研究新能源（可再生、无污染）汽车；

3. 医学家：经多年研究艾滋病的治疗方案，已取得突破性进展；

4. 宇航员：即将远征火星，寻找适合人类居住的新星球；

5. 生态学家：负责热带雨林抢救工作；

6. 流浪汉。

经典案例四：能力和机遇（世界 500 强 LGD 面试题）

能力和机遇是成功路上的两个非常重要的因素。有人认为成功路上能力重要，但也有人认为成功路上机遇更重要。

若只能倾向性地选择其中一项，您会选择哪一项？并至少列举 5 个支持您这一选择的理由。

要求：

请您首先用 5 分钟的时间，将答案及理由写在答题纸上，在此期间，请不要相互讨论。

在主考官说"讨论开始"之后进行自由讨论，讨论时间限制在 25 分钟以内。在讨论期间，你们的任务是：

1. 整个小组形成一个决议，即对问题达成一致共识；

2. 小组选派一名代表在讨论结束后向主考官报告讨论情况和结果。

经典案例五：是什么影响了利润（世界 500 强 LGD 面试题）

你被调到某旅游饭店当总经理，上任后发现 2007 年第四季度没有完成上级下达的利润指标，其原因是该饭店存在着许多影响利润指标完成的问题。它们是：

1. 食堂伙食差、职工意见大，餐饮部饮食缺乏特色，服务又不好，对外宾缺乏吸引力，造成外宾到其他饭店就餐；

2. 分管组织人事工作的党委副书记调离一月有余，人事安排无专人负责，不能调动职工积极性；

3. 客房、餐厅服务人员不懂外语，接待国外旅游者靠翻译；

4. 服务效率低，客房挂出"尽快打扫"门牌后，仍不能及时把房间整理干净，旅游外宾意见很大，纷纷投宿其他饭店；

5. 商品进货不当，造成有的商品脱销，有的商品积压；

6. 总服务台不能把市场信息、客房销售信息、财务收支信息、客人需求和意见等及时地传给总经理及客房部等有关部门；

7. 旅游旺季不敢超额订房，生怕发生纠纷而影响饭店声誉；

8. 饭店对上级的报告中有弄虚作假、夸大成绩、掩盖缺点的现象，而实际上确定的利润指标根本不符合本饭店实际情况；

9. 仓库管理混乱，吃大锅饭，物资堆放不规则，失窃严重；

10. 任人唯亲，有些局、公司干部的无能子女被安排到重要的工作岗位上。

请问：上述 10 项因素中，哪三项是造成去年第四季度利润指标不能完成的主要原因（只准列举三项）？请陈述你的理由。

经典案例六：你会怎么办（世界 500 强 LGD 面试题）

单位（外企）经费紧张，现只有 20 万元，要办的事情有下列几项。

1. 解决办公打电话难的问题；

2. 装修会议室大厅等以迎接上级单位委托承办的大型会议；

3. 支付职工的高额医疗费用；

4. 五一节为单位职工发些福利。

很明显 20 万元无法将这 4 件事情都办圆满，如果你是这个单位的分管领导，将如何使用这笔钱。

流程：

1. 5 分钟的审题、思考时间；

2. 1 分钟的观点陈述时间；

3. 15 分钟的小组讨论时间；

4. 5 分钟总结。

经典案例七：成功的领导者是怎么样的（国考 LGD 面试题）

做一个成功的领导者，可能取决于很多的因素，比如：

■ 善于鼓舞人，能充分发挥下属优势；

■ 处事公正，能坚持原则又不失灵活性；

■ 办事能力强，幽默；

■ 独立有主见，言谈举止有风度；

■ 善于沟通，熟悉业务知识；

■ 善于化解人际冲突，有明确的目标；

■ 能通观全局，有决断力。

请你从上面所列的因素中分别选出一个你认为最重要和最不重要的因素。

要求：

首先，给你 5 分钟时间考虑，然后将答案写在纸上，亮出来。

接下来，你们几位用 30 分钟时间就这一问题进行讨论，并在结束时拿出一个一致性的意见，即得出一个你们共同认为最重要和最不重要的因素。

然后，派出一个代表来汇报你们的意见，并阐述你们做出这种选择的原因。如果到了规定的时间你们没有得出一个统一的意见，那么你们每一个人的分数都要被相应地减去一部分。

经典案例八：办公室主任你选谁（深建行 LGD 面试题）

董事长要选择一个办公室主任，你觉得谁最合适？

1. 薛宝钗；2. 贾母；3. 王熙凤；4. 林黛玉。

经典案例九：是什么决定成败（重庆选调 LGD 面试题）

有人说细节决定成败，也有说战略决定成败。

请问你同意上述哪个观点，并陈述你的理由。

要求：

1. 主考官提出问题后，每一位考生可用2分钟时间思考，可拟写提纲；

2. 每位考生按抽签顺序每人限2分钟依次发言阐明自己的基本观点；

3. 依次发言结束后，考生间可进行自由辩论，在辩论过程中考生可更改自己的原始观点，但对新观点必须明确说明；

4. 辩论结束后，考生将拟写的发言提纲及草稿纸交给考务人员，考生退场。

经典案例十：是什么导致腐败（国考LGD面试题）

近年来，消极腐败现象引起了广大人民群众的强烈不满，成为社会舆论的一个热点问题。导致腐败现象滋生蔓延的原因很多，有人把它归纳为以下九个方面：

1. 所谓"仓廪实而知礼节，衣食足而知荣辱"，由于现在是社会主义初级阶段，市场经济还不发达，人民群众的物质生活水平不高，贫富差距拉大，造成"笑贫不笑娼"等畸形心态；

2. 商品经济、市场经济的负面效应诱发了"一切向钱看"，导致拜金主义和个人主义泛滥；

3. 国家在惩治腐败问题上，政策太宽，打击无力；

4. 精神文明建设没跟上，从而形成"一手硬一手软"的现象；

5. 与市场经济发展相配套的民主制度与法律法规不健全；

6. 十年动乱时期，国家穷、人民穷，腐败现象少。现在国富民强，所谓"饱暖思淫欲"，这助长了腐败的蔓延；

7. 谁都恨腐败，但对反腐败问题却无能为力，有时自觉或不自觉地参与或助长腐败行为；

8. 中国传统封建意识中的"当官发财""当大官发大财""不捞白不捞"等思想死灰复燃，一些干部"为人民服务"思想淡化；

9. 有人认为，腐败在任何社会、任何国家都无法避免，它是人类社会无法根除的"毒瘤"。

你认为上述九点，哪三项是导致腐败现象滋生蔓延的主要原因，只准列举三项并阐述你的理由。

材料三：

无领导小组讨论报告范例一

在小组讨论过程中，被试者对于绿宝公司的现状进行了SWOT分析，深入地阐述了该公司的优势与不足、机会与威胁，表明被试者具备系统的分析能力。根据分析所制订的三步走的计划表明被试者具备良好的决策能力。

在讨论过程中，被试者展现出了对其他成员的感染力与成熟度。需要指出的是，被试者忽略了小组讨论本身需要小组成员共同完成工作任务的本质性要求（可能是对题目的理解有误，考官进行了必要的干预），对其他小组成员的关注程度有待提高。因此，被试者团队组织能力上的得分较低。虽然被试者在总结发言过程中概括了其他成员的意见，但在团队中其指导与协调作用的表现不是很明显。

无领导小组讨论报告范例二

被试者在个人分析的过程中对董事会下达的目标进行了明确,对公司存在的人员、财务、产品三个问题与融资、销售、宣传三个机会进行了分析,并制订了先解决组织与人员问题、再解决产品技术问题,同时解决资金筹措问题与试验生产线建设问题的方案,表现出良好的战略管理能力与系统地分析能力,方案符合战略目标需要且具有可执行性。

在集体讨论的过程中,征求2号、5号对生产线建设的意见,主动对两个方案进行风险评估,说明被试者具备良好的决策能力。

在集体讨论过程中,被试者主动发表个人观点,对3号、5号提出的问题进行了积极的回应,并建设性地提出可以先确定内部分工的建议;在1号、2号、5号、6号发言的过程中认真倾听并进行书面记录;对3号提出的先开发技术的观点,通过推理进行说服,形成了对组织建设问题意见的统一,说明被试者具备良好的沟通能力。

在集体讨论过程中,被试者委婉地提出3号先开发技术的风险,保证了正确的讨论方向,邀请6号发表自己的观点,提示2号时间问题,说服3号形成小组对组织建设问题意见的统一,建议由1号进行记录,说明被试者具备较强的团队组织能力。但被试者在集体讨论过程中协调不同意见的作用缺乏行为表现,说明被试者协调不同意见的意识与能力还有欠缺。

【实训步骤】

1. 材料阅读。
2. 分析案例材料,分组讨论。
3. 作业展示:
- 各小组应按要求的形式展示本次作业成果;
- 作业成果应简洁清晰;
- 作业成果中应包含本次实训要求展示的各项内容;
- 作业成果中应突显本次实训的重难点;
- 作业成果不能有错误内容(否则按实际情况扣除相应分数)。
4. 教师点评。
5. 成绩评定。

【实训报告】

1. 什么是无领导小组讨论?
2. 无领导小组讨论所考察的主要内容。
3. 无领导小组讨论的基本实施流程。

4. 掌握无领导小组讨论的评价标准。

5. 如何撰写无领导小组讨论评价报告？

6. 无领导小组讨论的优缺点。

【实训成绩评定标准】

一、实训成绩评定依据

1. 实训报告的准确、完整程度。

2. 参与实训的态度和纪律。

二、成绩评定等级与标准

A：报告准确完整，态度端正；

B：报告较准确完整，态度较端正；

C：报告基本准确完整，态度基本端正；

D：报告尚准确完整，态度尚端正；

E：报告不准确完整，态度不端正。